奋斗就是生活，人生只有前进。

文学繁星

巴金小传

周溶泉 著

中国青年出版社

图书在版编目（CIP）数据

文学繁星：巴金小传 / 周溶泉著. -- 北京：中国
青年出版社，2025.4. -- ISBN 978-7-5153-7649-3

Ⅰ. K825.6

中国国家版本馆 CIP 数据核字第 2025ST2397 号

责任编辑：杜海燕
出版发行：中国青年出版社
社　　址：北京市东城区东四十二条 21 号
网　　址：www.cyp.com.cn
编辑中心：010-57350503
营销中心：010-57350370
经　　销：新华书店
印　　刷：三河市君旺印务有限公司
规　　格：650mm×910mm　1/16
印　　张：12.75
字　　数：97 千字
版　　次：2025 年 4 月北京第 1 版
印　　次：2025 年 4 月河北第 1 次印刷
定　　价：63.80 元

如有印装质量问题，请凭购书发票与质检部联系调换
联系电话：010-57350337

目录

CONTENTS

深院大宅的李公馆

在四川成都正通顺街上，并排列着几家声势显赫的大户，其中最出名且占地面积最广的一户就是巴金老人的出生地——李家大院，人称李公馆。

李公馆的院外是牌坊式的高墙，高墙下的石板路延伸到东西两头，平时没有行人如织的鼎沸，也很少有车马来往的喧嚣，笼罩着肃静与阴森的气氛。虽说新世纪已经敲响了反对清王朝统治的钟声，但似乎未曾对名门望族有什么冲击，门前的一对石狮子就像这家主人的卫士，圆睁双目，龇牙咧嘴，威严地防守在两旁。还有两只很大的太平缸，常年盛满了水，准备附近发生火灾时派上用场，由于多年保持着"太平"，虚放在这儿，无声地诉说着"平安无事"。再有大门上红底黑字的门联"国恩家庆，人寿年丰"八个大字，反映了主人领受皇恩的荣耀和家庭兴旺的自豪，同时也表达了世代昌盛富足的愿望。门墙围着大院，把这家主人和外面的世界隔开，根本不会料到皇帝一垮台，新世纪的到来，必然会给家庭带来变化，不可能长久地按照祖上的规矩代代相传而保持住"封建王国"。

李公馆的院内是一座五进三重堂的住宅，朱栏玉砌，富丽壮观。周围假山重叠，花园里绿草如茵，鲜花争艳，池塘碧青如洗，波荡着倒影。这里环境宜人，幽雅静谧，成了大人们踏步散心的场所，又是儿童们追逐戏游的佳境。说到底，这里是官僚地主享乐的地方，也是他们繁衍子孙、世袭封建法规的地方。

一九〇四年十一月二十五日，巴金就是在这李公馆呱呱坠地的。

李公馆的当家人李镛是巴金的祖父。他曾在清政府中做过多年的官。巴金出生前，他就辞官告归，广置田产，修建了当地屈指可数的大富人家的院落。他不只是继承祖上遗业，巩固了祖上的封建家庭秩序，而且精明能干地去兴家立业，一心想着"五世同堂"，使这个大家庭永远地发达下去。此外，他还是一个诗人，自己刻印过一本诗集《秋棠山馆诗钞》，赠给亲朋好友，并与

"名士"结交，收藏古玩字画，颇有"书香"之意味、"风雅"之情调。他结过两次婚，两个夫人都能吟诗作画，与他文气相投，自有唱和之乐。在两个夫人先后亡故后，他又讨了两个姨太太。巴金的祖父保守、顽固、专横，什么都是由他说了算，俨然是专制制度的化身，因此他虽受到一家人的敬重，但却没有得到任何人的爱戴。

巴金的父亲是老大，叫李道河，是一个谨守封建规范、性格温和宽厚、安分守己的人。他的官运并不亨通，因他不善于见风使舵，老实过分，得不到上司的赏识。后来，好不容易获得官府通知，到广元做了两年县官。他无意于仕途，弃官回家后，他成了大家庭中的总管，里里外外的事全由他出面去做，很是忙碌。巴金的父亲总是根据巴金祖父的意旨教育子女，要求他们恪守古训。他疼爱子女，但可惜天不假年，在他们还未长大成人时就抱病而死。

巴金的二叔在清朝中过举，后来在日本留学，专攻法律，回国后在成都开办律师事务所，做了大律师。此人是一个严守封建礼教的卫道士，平时摆出道貌岸然的样子，不大与人亲近。

巴金的三叔也曾留学日本，回国后当过南充知县，辛亥革命前回到成都，过着放荡的生活。他能诗能文，熟悉法律，写得一手好字。他在家庭纠纷中，常常和老五一道对付长房——巴金的父亲。此人品行不端，抽大烟，干下流勾当。在孩子面前，他又是一个专制暴君。

　　巴金的五叔因为长得眉清目秀，聪明灵活，又能说会道，深受父母宠爱。他是在任其放纵中学会了无赖阔少爷的一切坏事：撒谎，骗人，偷钱，打牌作弊，吃喝嫖赌，无所不为，成了"败家子"，最后荡尽产业被赶出家门，流落街头，成了惯偷，被抓进监狱。

　　巴金的叔叔们不争气，而他们兄弟之间不顾骨肉胞亲的感情，互不相容，彼此仇视，没完没了地争吵，你欺骗我，我捉弄你，钩心斗角。李镛怎么也不会想到，家庭的富有促使了儿子们灵魂的堕落。在这个家庭里，妯娌之间、叔侄之间，甚至父子之间、夫妇之间，不是格斗得乌烟瘴气，就是倾轧得各不相让，不是大闹得鸡犬不宁，就是哗乱得四分五裂，李公馆在这样的环境氛围中已很难维持安稳的生活格局，潜藏着日益深重的矛盾和危机。年轻的一代人在这样的公馆里生活，没有自由，没有乐趣，如进了坟墓一样地面临着被埋葬的命运，有的在挣扎中反抗，有的在悲凉中死去，有的在无奈中出走，有的在屈辱中苟活。丫鬟、仆役、轿夫在这样的公馆里，不过是会说话的工具，听命于主人的主宰，蒙受着不幸与痛苦，有的累得卧床病亡，有的被逐出死在街头，有的含冤上吊自杀，四五十个"下人"像背负着沉重的石块，被重重地压得喘不过气来。重门深掩的李公馆在制造着罪恶，上演着人间悲剧。这个由将近二十个长辈、三十个以上的小辈组成的古老的家庭，在清代王室摇摇欲坠、内部动荡不安的情况下，一天天走向了没落。

　　巴金在李公馆度过了他的童年。

难忘母亲慈爱心

　　巴金的母亲名叫陈淑芬，是一个知书识礼的闺秀，性格温和可亲，为人宽厚善良，又有聪明的天资和能与诗词结缘的文化素养。她对巴金的影响最大，巴金就是从母亲身上学会了怎样做人的，他称母亲为"我的第一个先生"，并说："在我幼小的时候，她是我的世界的中心。"难忘母亲慈爱心，巴金最怀念的要算他的母亲了，母亲成了他"最初的记忆"。

　　童年时的巴金一直得到母亲的爱抚。

　　巴金本名叫尧棠。尧棠是个淘气的孩子，到他会走路的时候，就受不了大人过分的约束，各个屋子都有他串门的脚步声，大厅和花厅有他穿行的身影，花园里有因他坠水而被填平的池塘，真够顽皮的，可是母亲从没有骂过他。

尧棠四五岁光景跟母亲从成都到了广元，这地方靠近陕西，父亲在那里做县官。

尧棠在广元住了两年，那是他最幸福的两年。

尧棠一家人住在衙门里，那是很大的一个地方，比成都老家还大，进去是一块宽阔的空地，两旁是监牢、大堂、二堂、三堂、四堂，还有草地，还有稀疏的桑林，算起来总有六七进。他们的住房在三堂，尧棠是和母亲睡的。来到这里，尧棠既感到陌生，又感到新鲜。在离开成都到广元的一路上，尧棠开了眼界，看到了从来没有看到过的高耸入云的山峰，一座座连绵不绝，蜿蜒伸向天际，就像在他面前打开了一幅重峦叠嶂的壮美画图。

在广元，家里专门给他及他的两个哥哥、两个姐姐请了一个私塾老师，读《三字经》《百家姓》和《千字文》。老师姓刘，三十多岁年纪，人很和善，在孩子们的心目中是一个本领很大的人。老师对尧棠的要求并不严，每天只让他读几页书，一早便放了学。这样，尧棠就有充裕的时间和三哥尧林由丫头香儿带着到四堂后面的草地上去玩。

草地简直成了孩子们快活的天堂，他们在成排的桑树间欢快地奔跑。桑树下满地都是深紫色的桑葚，甜香扑鼻。他们兜起衣襟，躬着腰将好的拾起来，还拿出几颗津津有味地吃着，乐得大家笑声不断。尧棠对鸡可喜欢呢，鸡是他的伴侣，他给二十几只鸡都起了名字，什么大花鸡、凤头鸡、麻花鸡、乌骨鸡、黑鸡、白鸡、小花鸡……每天早晨一起床，洗了脸，他就叫香儿陪他到后面鸡房那里去，替鸡群排队，做各种游戏。他很有兴味地看鸡斗，麻花鸡在小凤头鸡的翅膀上啄了一下，小凤头鸡跑开了，他马上叫起来："不要跑呀！喂，小凤头鸡，你怕麻花鸡做什么？"他为小凤头鸡被欺侮了抱不平呢。有时，尧棠睡在那高高的干草堆上，一任温和的阳光如母亲的手抚摩着他的脸，感到非常畅快。他半睁开眼睛，望着鸡群在下面草地上嬉戏。看到刚下了蛋的大花鸡伸长着脖子得意地啼叫起来，他就说了："大花鸡，不要叫！给别人听见了，会把鸡蛋给你拿走的。"他见大花鸡并不理睬他，还是叫着，就从草堆上爬下来，拾了那热烘烘的鸡蛋，揣进怀里，很宝贝的样子，乐呵呵的。尧棠的天真、活泼使母亲觉得很可爱。他在母爱的温馨爱护中自由舒放，没有任何拘束，因此时时想着"母亲"这两个字的意义。

对于鸡，别人只不过是看作家禽罢了，尧棠却将它们视为自己的"军队"，而一旦他的"军队"中的哪个"兵士"被消灭了，他会十分伤心的，伤心得惹人发笑。有一天，他发现他最心爱的大花鸡没有了，当香儿告诉他这只鸡已被捉到厨房里宰杀了的时候，就一下子冲进母亲房里，苦苦哀求不要去杀。母亲见他喘着气，满头是汗，急得什么似的，温和地笑起来，说："杀一只鸡，值得这样着急吗？今天下午做了菜，大家都有吃的。"他一听，哭了，嚷道："我不吃，妈妈，我要那只大花鸡，我不准人杀它。"母亲又笑了，说："痴儿，这也值得你哭？好，你叫香儿陪着你到厨房里去，叫何厨子把那只鸡放了，由你另外拣了一只鸡出来杀。"尧棠不听母亲的话，坚持"哪一只鸡我都要，我不准人家杀"。母亲告诉他这"不行，你爹爹吩咐要杀的。你快去，晚了，恐怕那只鸡已经给何厨子杀掉了"。这时，尧棠掉头就跑，拉着香儿气呼呼地直奔厨房。哎呀，迟了一步，大花鸡已在血染的地上乱扑，作垂死挣扎。尧棠恐怖地看到这一幕，气得身子发抖，眼眶里含着泪水，立即返回到母亲的房里，在母亲的怀中放声大哭。"妈妈，你把我的大花鸡还给我！"尧棠嚷个不停，母亲再三劝慰，看着这个"痴儿"真拿他没法。这天午饭时桌子上添了鸡肉做的菜，尧棠始终没有伸出筷子，脑海里浮现出大花鸡的形态：它在所有的鸡中是最肥壮的，松绿色的羽毛生长着不少白色斑点，生了蛋就如唱凯歌似的叫起来，得意得很呢，多叫人爱它！大花鸡，还在草堆里生蛋吗？想到这儿时，忽地浮现出另一幅不忍心去看的情景：大花鸡闭着眼睛，垂着头，颈项上有一个大的伤口，血正从那里滴出来……尧棠心里隐隐作痛，他提出了自己不懂的问题："为什么做了鸡，就该被人杀死来做菜吃？"在尧棠幼小的心灵里就有了一颗同情心，他觉得何厨子太残忍了，是杀大花鸡的凶手。小小年纪的尧棠是幼稚的，但在幼稚中已显出了他的性善，这来自他从母亲那里感受到的爱。尧棠爱鸡，虽说是一种儿童心理，然而他受到了母亲的爱，认识了爱，就想到要"把爱分给别人"。

尧棠和哥哥、姐姐们在发蒙以后，母亲就教会他们读诗背词了。尧棠接触到的第一首词，是南唐李后主写的《忆江南》：

多少恨，

昨夜梦魂中。

还似旧时游上苑，

车如流水马如龙。

花月正春风。

　　母亲为孩子们剪了些白纸头订成好几本小册子，依着《白香词谱》的顺序，每天在小册子上抄下一首词，那娟秀的小字整整齐齐地排列着。到了晚上，尧棠和他的三哥尧林捧着小册子跟着母亲读着每一个字，然后再把一些字连成句子去读，在第二天晚上还要把整个的一首词背诵出来。兄弟俩当然并不能领会词里所表达的内容，但知道"词"像歌儿似的有节奏，好读好记，朗朗上口，不觉得读书是件苦事，特别是母亲柔和动听的读字读句的声音，在尧棠听来觉得入耳入心，他说："这是我们的幼年时代的唯一的音乐。"母亲把母爱的春晖送到孩子们的心坎上，引导孩子们在文学艺术的熏陶中开启心智，增长知识。

　　母亲不仅爱她的子女，而且也很体恤下人，关心他们的冷暖，丫鬟出嫁，就为其添衣送被；佣仆患病，就为其请医抓药。这是母亲用自己的行动向孩子们进行着道德教育，孩子们耳濡目染，自然会受到影响。巴金在回忆往事时说：是母亲"教我爱一切人，不管他们贫或富；她教我帮助那些在困苦中需要扶持的人"。

一次，尧棠的三哥尧林为了一件小事把香儿打了，香儿去向母亲哭诉，母亲把尧林喊到她面前，责备道："丫头和女佣都是和我们一样的人，即使犯了过错，你也应该好好地对他们说，为什么动辄就打就骂？况且你年纪也不小了，更不应该骂人打人。我不愿意你以后再这样做！你要好好地牢记着。"尧棠在一旁倒是听懂了母亲的话，也记住了母亲的话，他见尧林垂着头，不敢作声，心里巴不得三哥赶快认错，而尧林没有开口就要往外走，被母亲叫住了："你还没有回答我，你要听从我的话！你懂了吗？你记得吗？"尧林迟疑了半晌才说："我懂……我记得。"尧棠知道三哥不是固执，而是羞惭。谁不听从母亲的话呢？现在三哥不是承认自己不对了吗？他太高兴了，让香儿陪着他与三哥一溜烟地出去玩了。这时，尧林将母亲给的云片糕塞与香儿，尧棠笑了，香儿笑了，尧林也笑了！

尧棠听母亲说："人都是一样的，不能把自己看得比别人高，要爱一切人。"母亲的话像悠扬的琴声一样动听，像火种一样点燃了孩子们的热情，因此尧棠在广元时就喜欢和"下人"接近了，甚至参加一部分轻微的劳动，母亲是从来不去管的。这样，他头脑里压根儿没有他是李府"四少爷"的概念，也就没有了他与"下人"之间的隔膜，他是把母亲倾注给他的爱再倾注到"下人"身上的！

有一天下午，教私塾的刘先生画了一张有山有洞有狮子有老虎的图画送给了尧林，尧棠见三哥拿到了他心爱的画，妒忌地到刘先生那儿索要，可是刘先生一时画不出同样的画来，怎么劝慰他也不行，于是又哭又闹，甚至破口骂刘先生是"做坏人"，刘先生没有生气，而母亲知道了却严肃地对他说了几句责备的话。母亲在尧棠的心目中威信是很高的，他止了泪，抽泣地听着。他从来是听母亲的话的，母亲吩咐他到刘先生那儿去赔礼，他去是去了，但没有向先生赔礼。先生还是那样和气，让他坐在方凳上，俯着身子给他系好散了的鞋带。尧棠这一次为什么窝着这么大的火，生这么大的气，对他一向敬佩的刘先生如此不礼貌呢？原来他对图画太喜爱了。刘先生能画出各种人物、山水、花草和房屋，一有时间就画了一张一张地给尧棠和尧林收藏起来。尧棠把这些图画当作珍宝收在小木匣子里面，每天早晨和晚上总要翻看上几遍，头脑里活动着图画上的形象，好几十张图画什么形象都有，就是没有狮子、老虎、豺狼、山洞，他做梦也在想着刘先生能把它们画出来。他渴望了许久的这张画画出来了，但却是落在三哥手里，这怎不叫他眼红得着急起来，恨不得立刻叫刘先生再画一张给他呢？愿望得不到满足，他不服气，脾气犟着呢。后来，他把木匣子里所有的画慷慨地通统送给了三哥，三哥惊喜不已，而他自己毫不留恋，那时候，他想的是"不完全，则宁无"，从此再也没有向先生要过图画。在这里，可以看出巴金于幼年时就有了对完美的强烈追求，哪怕什么也没有，也决不改变自己的意愿。

尧棠从小就讨厌打躬作揖的礼节，更不喜欢看到敬神祭祖的场面。有一天，他的祖父在成都做生日，他们一家虽在广元，但他父亲还是烧香焚烛、请安敬神，叫大家朝一只空的座位下拜。父母虔诚地磕了头，接着大哥、三哥、二姐、三姐都下跪磕头，到了让尧棠磕头的时候，他说什么也不肯，母亲用鞭子在旁边威吓他也没有用。母亲一向非常爱护他，依顺着他，而这一次是为祖父做生日，怎能不重礼仪而拒绝下跪磕头呢？母亲被激怒了，把他打了一顿。尧棠第一次挨打，哭了一场，但依旧没有磕头。可见，巴金于幼年时就不受礼规管束，尽管此时还只是盲目憎恶，然而这种憎恶情绪继续发展下去，恰恰成了他日后自觉反抗封建旧秩序的思想基础。

剪掉讨厌的辫子

在宣统做皇帝的最后一年，尧棠的父亲辞了职，全家从广元回到了成都。

那时的成都就像一锅沸水动荡了起来。历史已经翻到新的一页，即一九一一年，各地卷起了革命风潮，声势汹涌澎湃。这一年的年初，成都以学界为首向清政府请愿，要求早开国会，遭到拒绝后全市罢课。总督赵尔巽派兵镇压，暂时把这个风潮平息了下去。到了六月，川汉铁路股东代表在成都成立了"保路同志会"，发表宣言，号召四川人民起来"保路"，坚决反对清政府强夺商办的川汉铁路改为官办，并把筑路权出卖给帝国主义，换取帝国主义的六百万镑借款的罪恶行径。愤怒的成都市民抬出光绪皇帝的灵牌游行示威，要求"铁路准归商办"的呼声震天动地。清政府斥责赵尔巽办事不力，另派赵尔丰担任总督。赵尔丰上台不久，就诱捕了保路同志会的七个代表，并下令开枪屠杀请愿群众三十二人，造成了"成都血案"。这激起全省人民的愤慨，纷纷起义，进攻成都。这不仅引起四川各路的武装暴动，而且引起了全国人民的强烈反对，湖北、湖南、广东与四川四省人民共同发动了保路运动，成了辛亥革命的导火线。

在李公馆里，围墙再高，也挡不住传进去的枪声，特别是教尧棠他们读书的龙先生是个新党人物，很拥护革命，不时地会告诉大家时局变动的消息，叫人感到要出大事了。有一天，龙先生激动地叙述了川汉铁路的风潮，对总督赵尔丰表示极大的愤恨，只有七岁的尧棠听了，当然不能理解这是什么性质的政治局势，但他懂得赵尔丰是罪大恶极的坏蛋，尽干坏事。一连几天，城门紧闭，安静得出奇，原来是赵尔丰发布了戒严令，不许有行人往来，可龙先生知道内情，告诉大家说："你们哪里知道，有人发现了同盟会的革命党人深夜越城，在成都城外的农事试验场，用数百片木板写了字，把它投入锦江，让下游的各州县都知道发生的事，现在各州县都在响应……"果然不出龙先生的预料，锦江下游的荣县宣布独立，由吴玉章、王天杰等人建立了辛亥革命前夕由同盟会领导的第一个县政权。到了十月十日，辛亥革命爆发了，在武昌起义胜利的影响下，各省人民纷纷起义，革命烈火迅速燃遍全国。到十一月下旬，全国二十四个省已有十七个省宣告脱离清政府而"独立"，清朝统治陷于土崩瓦解的境地。在这急转直下的政治局势推动下，四川各州县也相继宣布"独立"，赵尔丰无力挽狂澜于既倒，为了保存实力，就将政权交给立宪党人，在成都成立"大汉四川军政府"，以抵制同盟会领导的革命军，激起了四川人民的反抗。而这个大汉四川军政府内部矛盾重重，争权夺利，自相残杀，终于发生了兵变。一时成都的社会秩序大乱，枪声四起，成都人如惊弓之鸟，处在一片恐慌之中。

兵变的消息传到了李公馆，全家人紧张起来了，立即采取了安全措施，尧棠的心怦怦乱跳，一切等待着大人安排。只见他父亲镇定地向大家提出主张：把祖父安顿到一个亲戚家里，各家的大人和孩子都疏散出去，让母亲带着尧棠兄弟姐妹到外婆家避风，他自己与大哥在家里留守。深夜时刻，响起了急促的敲门声，大门被撬开了，冲进来十几个气势汹汹的变兵。变兵们一见二门外的天井里有十几个强悍的堂勇和两个身佩长枪的镖客守卫着，又见列队站着十几个荷枪实弹的彪形大汉，还有不少的仆人防护着大厅、堂屋、厢房、后园等处，没有敢轻举妄动，只是改换了语气，说明了他们要借点路费回乡的意图。尧棠的父亲拿出一摞银圆，说："弟兄们有困难，这点小意思，你们拿去用吧，还谈什么借不借呢？"这一来，就把他们镇住了，没有发生抢劫事件，也没有进行骚扰，而是乖乖地被打发走了。

这次兵变，尧棠他们跟母亲住在外婆家，受了一整夜的惊吓，一个个都拥挤在外婆房里不敢说话，听着外面密集的枪声，看着染红的半个天空。接着又传来了附近的哪家公馆被抢劫的闹声、哭声、物件撞击声，好像就快要到外婆家来了，真是恐怖至极，谁都不知道如何逃过这场灾难。紧急之中，外婆逼迫着母亲赶快躲避，由舅舅搬来梯子，帮助尧棠一家人爬过墙去，在管菜园的老太婆的茅棚里坐了一夜。到了第二天上午，母亲为外婆家平安无事放下心来，但不知道父亲和大哥怎么样了，这时外面风声不那么吃紧，似乎担惊受怕的气氛已经消失，于是她就带着尧棠一个人先回家去，父亲和大哥惊喜地上前迎接，互相庆幸平安地渡过了难关。

成都的这场兵变，后来由同盟会员带领革命军把它平定，并成立了新的"四川军政府"。自此，清王朝在四川的统治宣告结束，辛亥革命在四川取得了胜利。龙先生为这样的胜利异常兴奋，在李公馆的书房讲他知道的有关政治局势的新闻，尧棠听了，总为好消息打心眼儿里高兴，尽管他年幼，还不可能像大人一样来关心世事的变化，但他已开始有了反抗暴力的意识。他脑子里盘旋的是：在保路运动中那么多请愿群众当场被开枪打死，这太残酷了，赵尔丰不就是杀人魔王吗？有了赵尔丰，就有了兵变，有了兵变，就有了惊吓，想起了变兵的骚动和自己逃难的情景，多叫人害怕！尧棠总觉得这是一种强暴，不除掉强暴，大家还怎么过日子啊！有一天，龙先生带来了叫人一听就会兴奋得跳起来的好消息："革命军冲进了督署，把赵尔丰当场捉住，还游了街，杀了头，头挂在城门口！"尧棠见龙先生绘声绘色地讲着，好像亲眼看到了赵尔丰这个坏蛋被抓起来游街、被斩首示众的场面，心里好不高兴！

　　赵尔丰被革命党抓住杀头的消息使拥护革命的龙先生激动不已，尧棠这一辈的小孩子也显出快活的神色，在以后的许多天里他们听到大人们还在谈论赵尔丰被杀头的事情，依然感到新鲜。

共和革命成功了，清政府灭亡了，尧棠朦胧地觉得世界变了样子，他看到这在家里也引起了不同的反应：祖父为此悲哀，像有什么心思似的；父亲既不惊异，也不狂喜，没有表示过什么意见；二叔曾由皇帝"特命"，担任过有"道台"称号的四品官，现在没有红顶子的官帽戴了，前程渺茫，大有无可奈何的低落情绪；三叔不像二叔那样持重，表现得飘浮放浪，为了吟诗抒怀，给自己取了个"亡国大夫"的笔名。全家只有尧棠这些小孩子们高兴，因为剪掉了头上讨厌的辫子。尧棠还是个儿童，自然不理解这"剪辫子"的意义，但他觉得头脑后面垂着一根小小的硬辫子是个累赘，每天早晨要让母亲或女佣来梳这根硬辫子也是个麻烦。因此，他对革命党人主张剪掉辫子是很赞成的，心想：什么时候能把我头上的辫子剪掉呢？二叔、三叔都在日本留过学，早就把辫子剪掉，但在回国后为避反清之嫌，就戴上了假辫子，如今皇帝垮台了，索性把假辫子取了下来，露出了秃头。过去，二叔、三叔戴上假辫子，有好些人背地里嘲笑他们是为了遮丑，也有人骂他们是革命党。其实他们哪里会与革命党沾边，改朝换代断送了二叔的四品官，对他的打击是很大的，三叔自称"亡国大夫"，流露出对清王室覆灭的感伤。不过二叔、三叔取下假辫子，倒是说明了时代不同了，他们不敢对抗革命的潮流。尧棠看到二叔、三叔用不着戴假辫子了，他不会也不可能了解到两个长辈内心里微妙复杂的活动，他想得多的却是他头上的辫子可以剪下来了。

在一个晴朗的下午，仆人姜福找来一些剪发的工具，把尧棠和三哥的小辫子剪掉，乐得尧棠喜笑颜开，感到非常轻松、舒服。接着，全家的男人都剪掉了辫子。男仆中有一两个人不肯剪，却在街上给警察强迫剪去了。隔了不久，所有的男孩都把辫子剪掉，连一家之主的爷爷也不得不把辫子剪了。

剪掉辫子，意味着清政府的灭亡，尧棠这一辈虽都是小孩子，但没有一个不觉得快活的。不是吗？尧棠看见父亲在做十八个小圈（代表当时的十八个省）围绕一个大圈的新国旗，说是要把它挂到公馆大门口去呢，心里喜滋滋的。不久，"中华民国"成立了，家里就把这种旗收起来，另外做了五色旗，尧棠也跟在大人后面取剪刀、拿针线，很有兴味地做国旗。

尧棠头上没有了使他讨厌的辫子，似乎比过去明白些事理了，至少他懂得外面的世界变了样，家里的情况也不同了。他有了坏蛋没有好下场的快感，也有了再不受成都兵变惊吓的安全感。尧棠好像比什么时候都要开心，情趣、感觉、氛围告诉他，已进入了另一番境界。

尝到了人生的苦味

清政府倒台后，尧棠还是和哥哥姐姐一起在龙先生那里读书，无忧无虑，在家里生活得很愉快。可是打击很快落在了他的头上。

尧棠没有想到，在民国三年七月的一天夜里，母亲死了。

尧棠这个最受母亲疼爱的孩子，失去了他最喜欢最亲近的母亲，就像离开了温暖的火炉，一下子掉进冰窟里，心都凉透了，难过得他泪流满面，默不作声地望着母亲的画像，疑惑地想着：妈妈，你到什么地方去了？

尧棠的母亲嫁到李家十七八年，生了九个孩子，多子女，母受苦，健康情况很差。她把所有的心血都倾注在对子女的抚养与教育上，过度的操劳消褪了青春光彩，容颜早衰，尤其是身体一天天地瘦下去了，白白胖胖的圆脸变得又焦又黄，憔悴不堪。她支撑不住，终于病倒了。母亲卧床二十多天，十分痛苦，人已经不能动弹了，尧棠每次到病床前看她，她总要流泪。尧棠知道母亲是疼爱他的，他也希望母亲快点把病治好，可是他说不出一句安慰的话来。其实他比谁都难受，母亲病得很重，他看得清清楚楚，但他绝想不到把母亲和死联系在一起，母亲怎舍得抛弃自己的儿女，特别是怎忍心离开她最心爱的尧棠呢？

然而，没有任何力量能把母亲留住，她溘然长去了！

尧棠长久地望着母亲的画像，好像觉得母亲还在他的身边，他还在她的怀抱里，母亲出去有事了，还会回来的。不，母亲真的撒手人寰了，永远不会回来了！尧棠分明看见入殓前许多人围着棺材呼天喊地，哀极痛极，也分明听到二姐和三姐头撞棺板时撕心裂肺的哭声，他止不住热泪涟涟，因为这种场面告诉他母亲已经是另一个世界的人了！

母亲入棺的这一夜举行家祭，尧棠与两个哥哥匍匐在灵前的蒲团上，听着一个表哥诵读父亲替他们做好的一篇祭文：

"……吾母竟弃不孝等而长逝矣……不孝等今竟为

无母之人矣……”

尧棠虽然还是一个十岁的孩子，但却听得懂“今竟为无母之人”的意思，顿时心中悲凉起来，细嚼着这句话的滋味，禁不住眼泪滴在蒲团上。

到了第二天，灵柩就抬了出去，母亲被安葬在磨盘山。从此以后，母亲的亡魂就在这里冷清凄凉地游荡，风雨晨昏，孤守坟茔，好不寂寞！尧棠抚今念昔，觉得母亲为儿为女作出了巨大的牺牲，真是累出病来苦死的啊！他想要如母亲所要求的去做人，以告慰久眠地下的、永远不能在记忆中抹掉的亲爱的妈妈！

祸不单行，没过多久，二姐也不幸去世了。

二姐比尧棠大六岁，性格像母亲一样温和，非常文静，但平日沉默寡言，有时甚至十分忧郁，这与她还是个少女的身份并不相称，显得老成了一点。原来，二姐的身体一直不好，在广元生活期间，人就很瘦弱。回到成都不久，被疾病折磨得死去活来，有一次咳嗽不止，发着高烧，神志昏迷，要不是母亲请了四圣祠医院的英国女医师及时地给打针、服药，恐怕会危及性命。二姐患的是所谓“女儿痨”的病，也就是肺结核。这种病在当时，中医还没办法治好，只有服西药，才能控制住病情的发展。二姐服了西药，病有些好转，偏偏在这时母亲逝世了，给了她很大的刺激，加重了病情。父亲只相信中医，不去请西医来为二姐治病。结果延误了病情，健康情况日趋恶化，人瘦得皮包骨头，脸色苍白，浑身乏力。尧棠可怜二姐，常常在暗中祷告着："妈，你要好好地保佑二姐啊！"

二姐的病越来越严重了，父亲请了许多名医来诊治，都不见效果。冬天一到，二姐就倒在床上，连说话的力气也没有了。尧棠看到二姐的脸瘦成尖形，嘴唇枯焦，心里是很难受的。他爱二姐，姐弟相伴玩耍，灯下共同读书，二姐处处照顾着尧棠，还真有个做姐姐的样子。如今二姐病成这样，尧棠担心她也像妈妈那样离开人世……

越怕发生的事越是发生了，二姐终于没能熬过这一关，母亲死后四个多月，二姐也离开了人世。尧棠的性格变得忧郁了，他少言寡欢，并渐渐地成了"一个爱思想的孩子"。早熟使他敏感起来，好像脱掉了几分幼稚，增加了几分悟性。

尧棠受到母亲与二姐死去的打击，心情自然苦闷，而时局的动荡给家中带来的不安，又使他感到生活的艰难。一九一七年春天，成都发生第一次军阀混战，川军与滇军对垒，在七天的巷战中，枪声不停，子弹乱飞，尧棠看见了种种可怕的流血景象。天下不太平，家中也不太平，这时候二叔的两个儿子——二哥和五弟因患喉症死了，几天的工夫失去了两个同伴，尧棠很是悲伤。二哥和五弟因巷战无法请到医生诊治。等到后来病一天天地加重，坐着轿子，跨过战壕，冒着枪林弹雨赶到医院时，已气息奄奄，他俩死得真冤哪！接着，尧棠和三哥尧林也患了喉症。同时，九妹、十妹和父亲也病倒了，幸而这时巷战停止，请了医生来诊治，尧棠兄弟两人治好了，而只有七岁的十妹却死了。

父亲的病倒，成了尧棠放不下的心思。他见父亲面容憔悴，有气无力，像是不久于人世的样子，感到惊恐异常，想也不敢想万一父亲离开了他们，那会是什么样的情况。母亲死了两年，父亲是能够关心没有母亲的孩子们的，也能够如母亲般地喜欢尧棠，尧棠对父亲是怀有感情的。病中的父亲听说尧棠的病好多了，还将他喊到房里去问长问短。尧棠跪在床前的踏脚凳上，心情沉重地叫了一声"爹"。父亲伸出手抚摩着尧棠的头，说："你要乖乖的。""你要常常来看我呀！"尧棠听了这些话，心里像刀割似的难受，呜咽着点头答应。"好，你回去休息吧。"过了半晌父亲这样吩咐了一句。尧棠临走时，看到父亲在微笑，而眼眶里却滚动着闪光的泪珠，尧棠忍不住哭了，但又不敢哭出声来，怕父亲听到了心里不好受。他想：我要常常去看看父亲，不能让父亲冷冷清清地躺在床上。父亲，你快点好起来吧，我还等待着你再带着我在街上散步呢……

父亲知道自己的病不会好了，生命之火快要熄灭了。他将尧棠的大哥尧枚叫到身边，说："你妈妈临终时，把你们弟兄姐妹交给我，现在十妹却死了，我怎对得起你母亲？……现在我把继母和弟妹交给你，你要好好看顾他们。"这是父亲弥留之际的遗嘱。第三天，父亲就去世了。当父亲第一次晕过去的时候，尧棠和大哥、三哥、三姐等都围在床前哭喊，父亲居然慢慢儿醒转过来，大家以为他不会死了。但不到一刻钟，他就在急促的呼吸声中断气了。

满屋子都是哭声。

晚上，尧棠和三哥坐在房间里，望着黯淡的清油灯落泪，大哥跑进来，哭着说："三弟，四弟，我们……如今……没有……父亲……了……"大哥说时一字一咽，一句一啼，悲悲戚戚，三兄弟抱头大哭。

埋葬了父亲以后，尧棠心里更加空虚了。他常常徘徊在街头，总觉得还是依依地跟着父亲漫步闲游，但一走到街心看着人来人往，才明白自己是孤零零的一个人。

父亲的死，将会给家庭带来多大的变化啊！这时尧棠已经十三岁，他比在母亲去世时更懂得人间悲欢和人与人关系的亲疏了。父母亲先后病死，尧棠失去了精神上的依靠，兄弟姐妹互怜互爱，毕竟赶不上父母在世时方便，心里不再那么踏实了。尧棠的失落感是伴随着生活的苦味而产生的。房间的壁上多了一张父亲的画像，身边不见了二姐与十妹，眼中景况是多么凄寂，心中情绪是多么悲凉！

一个家庭两个环境

　　父亲一死，尧棠的家庭生活少了欢乐，多了苦痛。父亲的死，仿佛给他拨开了另一只眼睛，使他看清楚了这个富裕的大家庭的另一个面目。他透过家庭和平的、爱的表面现象，看见了在一个专制的大王国下的倾轧与斗争，使他感觉像有一块石头压在身上，渴望着自由的世界出现在自己的面前。

　　尧棠有这种想法不是偶然的。他从小就有了一个家庭两个环境的感触，对许多事情他怀疑过、思索过，认为这"许多事情是安排得很不合理的"，而随着年龄的增长，他对许多事情已由怀疑转为痛恨，由思索转为愤怒。

　　尧棠无论在广元或者后来回到成都，他都喜欢和仆人们接近。他常说"我生活在仆人、轿夫的中间"，"我是在仆人、轿夫中长大的"。他在公馆里有两个环境，一部分时间和所谓"上人"在一起生活，另一部分时间又和所谓"下人"在一起生活，而这两种生活给他的感触是完全不同的。

轿夫在李公馆里处于最底层，随时要听从使唤，脚底磨破了皮，脸孔晒成黑色，抬了一天的轿子，人累得精疲力竭，一到晚上，就躺在阴暗潮湿的马房里的破床上抽大烟提神，个个骨瘦如柴，成了鸦片鬼。尧棠对他们非常熟悉，经常到马房里听他们在烟灯旁叙述他们的痛苦经历，或者听他们倾诉对不平等待遇的怨恨，或者听他们发出绝望的叹息。尧棠听着听着，两眼含泪，激起了对他们的同情，并滋生出反抗的思想，他想着"要做一个站在他们这一边帮助他们的人"。

就在这样的环境里，他把老轿夫老周称作"我的第二位先生"。他教育尧棠，对人要"忠心"，"要真实"，"不要骗人"，"不要亏待人"，"不要占别人的便宜"。尧棠觉得老周的话实实在在，讲起所见所闻来又是那么丰富生动，还能够叫人动脑筋去想想这是为什么。这位饱经风霜的老轿夫还对尧棠说："我不光是抬轿子，为人代步，其他事情也一样，只要对人有好处，让人家踏着我的身子走过去，我也愿意。"这些话如滴滴清泉滋润了尧棠的心，他虽还处在童年时代，却有了"近于原始的正义信仰"，在怎样做人的道理上，老周的话给他留下了一辈子不可忘怀的记忆。尧棠越是与老周接触，就越是觉得这些人的品质朴实美好，就越是觉得"下人"地位低下而思想境界高尚。有一次，尧棠见老周在灶头烧饭，他就去帮着烧锅，把柴草不断地向灶洞里塞去，结果火被弄熄，烟雾腾腾，老周走过来用火钳将堆在一起的柴草通了几下，顿时火头很旺，把灶洞映得通红，他对尧棠说道："记住，火要空心，人要实心！"尧棠一听，心里一动，深深地为他的直爽、诚实征服了，于是他就更加讨厌那些"上人"的冷酷与虚伪。

尧棠在另一个环境里看到了什么样的情景呢？

二十多岁的寡妇杨嫂一直精心照料着尧棠他们，后来因发疯而死亡。她有丈夫早逝、孩子夭折的不幸身世，到李家大院当佣人，手脚勤快，又懂得照顾好孩子。但她疯了，大人们却为她的不死忧虑，而她一死却像一阵风吹散了长时间笼罩在人们心头上的阴影。尧棠第一次感到人死的恐怖和悲哀，他觉得杨嫂死得好惨，像枯草败叶扫出门外一样无声无息，一想起杨嫂原先健康的面庞，他就难过得要哭。父亲、母亲，特别是母亲，虽然对杨嫂还是给予了可能范围内的照顾，但毕竟她是个"下人"，怎么可以享受到"上人"的待遇？父母甚至好心地希望杨嫂早点脱离病的痛苦而早死，这不就是"上人"与"下人"、富人和穷人的区别吗？尧棠不曾体会到杨嫂死得如此凄凉是出于阶级的不平等，但他却感触到了杨嫂在广元做了异乡孤魂的悲哀。

另外，仆人周贵抽大烟没钱，偷了祖父的字画变卖，结果被逐出公馆，沦落成了乞丐，死在街头；一人原是李府的轿夫，出去后到斜对面一个亲戚的公馆里做了看门人，竟在一天用一根裤带吊死在门外。尧棠目睹了家庭导演出的这一类悲剧，感触到这些"下人"于贫苦中挣扎而屈服而死亡的苦痛。

尧棠在门房、马房、厨房和仆人们一起玩时，常常感到自己是进入了一个令他心情舒畅的环境。在这里，他可以毫无拘束地向他们询问种种的事情，大家对他没有一点隐瞒，向他倾谈他们的欢乐与痛苦，把他"当作一个同情他们的小朋友"，于是他觉得与他们生活在一起很有意思。而他在上等人生活着的环境里，就没有了与仆人们谈天说地的兴趣。他非常厌恶那些虚伪的礼节。有两次除夕晚上，全家人都在堂屋里敬神，他却躺在马房里轿夫的破床上，兴致勃勃地与"下人"聊天。他听见有许多人在喊他，他装聋作哑，心里觉得好笑。平日敬神，他也会设法躲开，表示出一种反抗。

尧棠从母亲那里接受了"爱"的教育，就怀着"爱一切人"的好心肠去对待生活，但母亲有时在"下人"面前也摆出主人的身份，尧棠疑惑地想：这是为什么呢？十妹出痘子，按照中医的习惯，奶妈是不能吃发味的食物的，而贪嘴的奶妈偷偷吃了半碗拌黄瓜，被一向温和的母亲发现了，叫人用皮鞭抽打，任奶妈哭了整整一个晚上，再三保证下次决不嘴馋，最终还是得不到宽恕，被赶回了家。尧棠眼巴巴地看着奶妈哭哭啼啼地走了，心里好不难受。母亲生平就仅有这一次打"下人"，直到临死前还在向尧棠说她做了一件不应该做的事情，忏悔不已。

父亲在家里十分和善，从不骂人，可是他在广元做官时一坐堂就用毒刑拷打犯人，甚至采取一种"跪抬盒"的刑罚。尧棠看见犯人的屁股被打得皮开肉绽，疼得头上汗水直流，发出杀猪般痛苦的叫喊，一阵阵的"冤枉啊，冤枉"声不绝于耳，他觉得父亲的心肠太狠了，心里祈求着：放了他吧！但望着父亲堆满黑云似的脸，他不敢说出口，畏惧地跑开了。他许久想不出来，为什么犯人挨了打还要叩头谢恩，被人称为"青天大老爷"的父亲就应该是这样子的吗？他带着疑问去让母亲回答，母亲叫他不要多管闲事。后来，他知道了母亲劝说父亲少用酷刑，以免发生屈打成招的事情，父亲听了母亲的话，不再这样对待犯人了，但父亲认为"若是不用刑，又未免太没有县官的样子"。想不到，父亲把这"县官的样子"竟表现在对仆人也坐堂用刑上。一次，尧棠看到几个仆人在门房里推牌九，回到母亲的房间后，无意间说出了此事，父亲听见了，勃然大怒，立刻捉赌，坐堂审问，喝令差役给每个人打了二十下小板子才了事。尧棠对自己的疏忽后悔不迭，他悄悄地跑到门房里，见许多人在为那些挨了打的人揉伤，听到了他们的呻吟声，他不由得淌出眼泪，接连说了一大堆的好话，以宽慰他们。然而这些仆人没有因为自己的挨打而有一点责怪他的意思，他们仍然像平时一样地与他亲近，这样尧棠更觉得内疚，对不起他们了。

尧棠为被奴役被伤害者的遭遇愤愤不平，也为父母的过错而萌动着要为其赎罪的感情，在这个时候，他已经感觉到现实生活中有许多事安排得就是不合理。他在家庭这个环境里所受的教育，除去"母亲教育我'爱'"对他产生了良好的影响，而祖父指令他们要学的封建礼教，他是极端反感的。尧棠看到二姐身边有一本《烈女传》，有很多的插图，他一幅一幅翻着，惊得他心跳加快，如进入到一个血腥的世界。画上出现的是一个个身穿古装的美女，在她们当中，有个寡妇一刀砍掉被男子拉了的手，鲜血淋淋；有个王妃，在宫中起火时，她宁可被活活烧死，也不出逃，以免失掉体面；有个女子明知父亲已经溺水而亡，本人又不会游泳，但她却要跳河寻尸；还有拿剪刀刺自己咽喉的、在高楼上悬梁自尽的……这些都是孝女贞妇。尧棠不解地问二姐，哪来的这本书，她们为什么要这样，二姐告诉他这是祖父给她们全家女孩子的必读课本，作为妇女，就要学习这些"妇道"。尧棠觉得"书本上教人的道理也未必是合理的"，当时他心里就埋下了反抗封建礼教的种子。

尧棠对家庭中的许多事情是看不惯的。父母先后去世，他的孤独感与日俱增，想起问题来也复杂得多了，已分得清是与非、美与丑、善与恶。家庭中两个环境的对比，使他越来越强烈地感到他生活的枯寂无聊，富裕的公馆竟是囚笼般地令人窒息。父亲死后，大家庭第一次分家，更让尧棠看清了道貌岸然的长辈们灵魂的卑劣，相互间的明争暗斗甚至到了水火不容的程度，他时时地在凝神默想：什么时候能让我飞出囚笼，奔向广阔的天地呢？

祖父幻梦的破灭

　　李公馆才不过几年时间就死了七八个人，李镛觉得不能顺心遂意，"国"不"泰"，"家"也不"安"了。长子李道河的去世尤其使他哀伤，在他的心目中，这个儿子是争气的，是支撑家庭的"柱子"，而今"柱子"倒了，他哪能不悲痛呢？尧棠发现祖父比以前衰老得多了，干瘪瘦削的脸上透露出内心的忧愁，尽管还是那副威严的模样，但已掩盖不住他对自己经营起来的这个大家庭的前景不再抱有希望的神情。

　　尧棠知道引起祖父头痛的是五叔的不成器，败坏了家风。五叔背着祖父借钱偷娶暗娼，五婶为此事闹得沸反盈天，气得祖父七窍生烟，大骂"畜生"，痛打逆子。但五叔眠花宿柳的恶习始终不改，祖父没法制伏，只得长吁短叹。祖父是一个能干的人，苦心孤诣建立起来的家业眼看要败在浪荡子手里，非常恼怒，但自己无回天之力，因此变得十分消沉。他思念起尧棠的父亲，恨不能魂兮归来，要是这个大儿子还在，家庭有个依靠，也许不会这样糟糕晦气。祖父因思念长子，就把感情转移到了尧棠身上。尧棠对祖父并不存在着什么感情，而且非常惧怕，甚至憎恨这个家庭专制压迫的代表。父亲死后，尧棠不可能像三哥尧林那样进中学学习了，因为祖父反对上新式学校，只好继续留在家里，把全部的时间用来读书，然而书本却损害了他的健康。祖父见尧棠勤奋好学，但身体不好，就主动关心他，订了一份牛奶让他滋补，对他说话也温和得多了，不像过去祖孙之间在一处谈话就好似两个仇敌。尧棠感觉到祖父爱他了，居然近于互相了解，好像一个奇迹突然从天上落卜来一般。祖父成天闷闷不乐，他把希望寄托在一直受他宠爱的五叔身上，可是五叔堕落了，放浪形骸。祖父觉得他日夜所向往的光宗耀祖的梦幻在逐渐破灭，辉煌已成了明日黄花，精神处于恍惚状态。五叔用哄、吓、骗、偷的卑鄙手段，把五婶的私房钱挥霍殆尽，两人又吵又打，如惊雷炸耳，祖父听了暴怒得胡须抖动，刺激得他发疯了。有一天，他精神病发作了，叫人抬着轿子让他坐着在天井里兜圈子。尧棠看了，觉得祖父很可怜，想起五叔这时就在外面狂赌滥嫖，想起三叔虽比五叔好些，但也抽大烟，背地里干着风流事，不禁产生了看法：过三叔、五叔这样的寄生生活是荒淫无耻的；靠父母来养活自己，还胡作非为，如此做人，是没有出息的，是被人瞧不起的。祖父终于病重临危，他时常把尧棠叫到他的床前，彼此相视。祖父黑瘦的老脸上露出微笑，尧棠见了因同情而难过。一个月后，在爆竹声声除旧岁、家家欢乐过新年的时候，李公馆哭声盈耳，原来祖父含恨死了。尧棠想起了祖父最后还能够照顾到没有父亲的孩子，想起了他还有着亲子之情，也想起了永远没有了相互了解的机会，想起了第三次失掉曾经爱过自己的人，于是忍不住泫然泪下。一家人跪伏在灵前哀哀哭着死了的祖父，尧棠看出了这悲哀有一半是虚假的，既感到祖父死得孤独可怜，又感到心怀鬼胎的长辈们心肠的自私狠毒！

　　祖父一死，李公馆风波骤起，发生了一场争夺祖父遗产的大战，彻底撕去了"兄弟怡怡"的虚伪面纱，裂痕一天天扩大，一直到这个家庭完全崩溃。

　　祖父的幻梦破灭了！

人死了，尸骨未寒，叔婶们各自为占有更多的遗产，也就出现了更多的唇舌之争，几房人表面上的聚合已分崩离析，成了冤家对头。他们急不可待，祖父的丧事办完才一个多星期，就在灵堂前吵闹起来，唯恐自己的一房吃了亏，摆开了战场，大有要斗得你死我活的架势。

新的专制压迫的代表代替了祖父。二叔是个新的封建卫道者，由他继承祖父主宰家庭。此人思想保守，近于顽固，而且钱迷心窍，整天为利奔走，哪有心思放在家庭事务的安排与处理上。尧棠对祖父的死有过悲痛，因为他毕竟失去了一个爱自己的人，但是他却更庆幸获得了自由，在家里再没有一个人可以支配他的行动了，因此他决不会屈服于二叔的权威。一次，尧棠得罪了一个婶娘，婶娘就故意找岔子，诬栽尧棠打肿了她的独子的脸颊。尧棠亲眼看见是她自己在盛怒中打肿了这位堂弟的脸颊的，她却拖着堂弟去找尧棠的继母讲理。大哥请求二叔说句公道话，结果受到了二叔的训斥，还代弟弟尧棠向婶娘赔礼认错。尧棠为此愤愤不平，坚决表示不改变态度。他已是十六岁的少年了，敢于与压制他们的叔婶们顶撞。他从反帝反封建的五四运动的热浪中获得了鼓舞，又从新的书刊中接受了新的思想，再有他与三哥尧林一同进入了成都外国语专门学校读书，结识了一些新的同伴，并开始接触社会生活，因此他知道自己的大家庭要继续保持一个封建独立王国已不可能，企图在二十世纪维持着封建时代的生活方式是痴心妄想。他意识到家庭中发生的一切，根子还在整个制度的不合理上。他要反抗，要斗争，要改革，对公馆里的不公正不道德的现象，他发表自己的意见，提出严肃的批评，这就很自然地冒犯了那些死抱住旧秩序、旧规范这块"通灵宝玉"不放的叔婶们，他们认为家中出了一个叛逆者，并与他们的矛盾在日渐加深。叔婶们想以尊卑长幼的封建法则来胁迫他不得"犯上"，同时明摆着要去欺侮两个（尧林站在尧棠一边，决不向恶势力低头）死去了父母的侄儿，尧棠与三哥毫不妥协，与他们进行争论，驳得他们哑口无言，他们就气急败坏地去向大哥施加压力，可是这又有什么用呢？

尧棠成长起来了，他认为祖父幻梦的破灭，势所必然。由于连年军阀混战，数不尽的苛捐杂税，农村遭灾，田园荒芜，农民不仅无法向地主按期交租，而且四处逃难，这就使李公馆的经济来源大受影响，全家人坐吃山空，每天在争吵、打骂、诅咒声中消耗着精力。"忽喇喇似大厦倾，昏惨惨似灯将尽"，李公馆在一步一步地走向死亡。

尧棠对大家庭充满了仇恨，感到愤怒，不只是因为长辈们的劣迹昭著，还有年轻一代在他们的扼杀下作了无谓的牺牲。二叔因为贪财爱富，竟把自己的大女儿，即尧棠的四姐，嫁给了一个胸无点墨的财主；三叔自己的行为失检，却在自己的孩子面前摆出父亲的尊严，经常用皮鞭抽打比尧棠小两岁的那个堂弟，吓得堂弟一见到父亲连话也讲不清了；尧棠的三姐，因为父母与祖父的逝世连年服丧，到二十三岁时才出嫁，做了比她大十多岁的世故庸俗的男人的填房，让人预感到她的命运的悲惨……

尧棠自从祖父死后，就想冲破封建牢笼，离开这个大家庭了，他要把眼前的一切毁弃，把旧的秩序破坏，实现新的理想。

大哥的屈辱与痛苦

尧棠的大哥尧枚的一生就是悲剧。尧棠是非常爱大哥的：他为大哥成了封建专制家庭的牺牲品不服气，又为大哥的逆来顺受常常生气，更为大哥遭到各房叔婶的攻击与陷害而不平。大哥的屈辱与痛苦，尧棠是看在眼里、记在心上的。

大哥是李公馆里的长房长孙，生得眉清目秀，自幼就很聪明，在家里得到父母的宠爱，在学校得到老师的称赞。他从成都中学毕业，成绩名列全校第一，拿着毕业文凭归来，全家人都很高兴，大哥也踌躇满志，做着能进上海或北京的名牌大学去攻读化学专业的美梦，甚至还想将来到德国去留学。可以说，大哥的前程如彩虹般地迷人啊！

可是，大哥的志向成了泡影，他的憧憬成了水月镜花。

祖父能允许大哥到新式学堂读书已属破例，要想跨入大学的校门求学，这只是大哥的奢望，是不会得到同意的。祖父想的是早抱重孙，人丁兴旺。父亲想的是根据尧枚母亲的遗嘱，早些为长子完婚。大哥知道了这个消息，像泄了气的皮球软下去了，眼泪汪汪，但他是不敢坚持自己根本不可能实现的要求的。

大哥的婚姻是由不得自己做主的。他本来有一个中意的姑娘，这就是尧棠的表姐。表姐从小在李府走动，和尧枚很是亲近，两个人虽然没有任何的喁喁情语，更没有男女相爱的行为表现，但彼此的心却是贴得很紧的，双方都能感觉到那个不用表白的神秘的意思。这些，就连尧棠也看得出来，很希望大哥能够娶她做自己的嫂嫂。然而，这对有情人却成不了眷属，父亲在尧棠的母亲离世后就为尧枚的婚事操心了。当时，给大哥做媒的人有好几个，父亲认为可以考虑的有两家，最后以拈纸团的办法来作抉择，和姓张的姑娘结婚。大哥对这门亲事并没有反抗，其实他也不懂得反抗。尧棠断定，大哥是不会向父亲说起自己与表姐如诗一般朦胧的爱情的。

大哥的结婚仪式是隆重的，祖父和父亲特地在家里演戏庆祝。而大哥自己也在演戏，他任人摆布，像被人玩弄的木偶，无可奈何。

大哥结了婚，祖父有了孙媳，父亲有了媳妇，尧棠他们有了嫂嫂。大哥对嫂嫂还是满意的，嫂嫂对大哥温柔体贴。嫂嫂出身遥远的云南名门，有淑女的风范，又能诗会画，加之年轻貌美，在短时期内大哥忘记了读大学的志愿，陶醉在欢乐之中，脸上常带笑容，过着美满幸福的生活。

大哥结婚后，过了两三个月，一天晚上父亲把他唤到面前吩咐道："你现在结了亲，房里添出许多用钱的地方，可是我这两年来入不敷出，又没有多余的钱给你们用，我只好替你找个事情混混时间，你们的零用钱也可以多一点。"父亲是万不得已才找大哥作这样的谈话的，因为大哥成了家，开支大了，父亲一人负担不起，只得叫大哥挑起一部分担子。大哥听从父亲的吩咐，没说一句不同意的话，但他一回房间就倒在床上伤心地哭了。他当时是一个二十刚出头的青年，阅历很浅，涉世不深，没有一点处世经验就进入社会，这对他来说不是没有困难的，他觉得就像要去迎接狂涛巨浪，又惊又险哪！过了几天，他到了一家商业场股份有限公司当职员，为了二十四元的月薪，等待他的是一个又一个的打击，断送了自己的前程。

一年以后，父亲突然死去，他是个长兄，不得不把上要侍奉继母、下要照料弟妹的生活重担压在自己的肩上。他这一房除了父亲购置的四十亩田外，还从祖父那里分到了两百亩田，日子还过得下去。但没有了父亲后，要由他来对付各房之间的种种纠纷就不那么容易了，他处在小辈的地位，能跟叔婶们公开反目吗？他满以为能忍自安，处处让步是会平静的，谁知越想平静越不平静，他看到的是仇恨的眼光，各房的相互攻击，连自己也卷入到漩涡中去了，他只有一个办法：时时陪着小心，尽量避免冲突。尧棠见大哥这样，心里有些想法，但还能说些什么呢？

大哥对叔婶们一向是敷衍、妥协，而叔婶们却视为软弱可欺，得寸进尺，害得大哥一刻也不得平静，有时尧棠和三哥尧林还责备大哥只晓得打躬作揖，自讨苦吃，大哥两头受气，实在是左右为难啊！尧棠和尧林不买叔婶们的账，当面顶嘴是常有的事情，大哥也说不服这两个弟弟，这样叔婶们心有不甘，便去找大哥的麻烦，大哥面临着"火药味"很浓的现实，束手无策。大哥在五四运动发生后，受到了新思潮的洗礼，不过他那忍辱负重的个性，却使他接受了"作揖主义"与"无抵抗主义"的思想，并且还把这种理论与大家庭的现实环境结合起来加以实践。尧棠和尧林对此极为不满，常在家里做一些带反抗性的举动，给大哥招来祖父更多的训斥和各房更多的陷害。

　　一九二〇年年初祖父死了，大哥便成了明枪暗箭的目标，他到处磕头作揖，向叔婶们讨好，但却没有因此而化解了客观存在的尖锐矛盾，处境依然困难。不巧，正在这个时候，嫂嫂怀孕，快要生产了。三叔、五叔和婶婶们串通了黄姨太，提出了服孝期间不能在家生孩子的意见。这是毫无道理的，作为一家之主的二叔竟然同意了他们的胡言乱语，说什么不能因在家分娩而冲了祖父的在天之灵，结果嫂嫂被赶到城外荒郊去住了。尧棠和尧林一听气愤不过，表示坚决反抗，大哥却流着眼泪劝阻他俩，以免把事情闹大，落得个不孝的罪名。大哥明知妻子到偏僻的村落去生产，生活上有很多的不便，更清楚叔婶们逼得他这样做的险恶用心，但他忍受着一切，没有反抗。

尧棠深知大哥内心的痛苦，但绝不同情大哥奉行的不抵抗主义。他见大哥受侮辱、遭攻击，恨得一时一刻也不想在这个大家庭里逗留。他觉察到大哥所走的是一条绝路，因为随时随地会跌入可怕的陷阱。大哥不能自拔了，尧棠拿不出主张来，又不好动员他出走，有什么办法呢？他从大哥的身上得到了启示，这就是要把命运掌握在自己手里，要走自己要走的路！他将不顾忌、不害怕、不妥协地与邪恶势力斗争到底！

开阔了眼界

尧棠在父亲死后，把全部的时间用来读书，力图从书本中寻求安慰。他从小就喜欢读书，母亲当时就教他背诵《白香词谱》，到了他自己能看书时，最早读的是《说岳全传》，其后又连续读了《水浒传》《施公案》《彭公案》等书，这些书中的人物与故事对他产生了很大的吸引力，所以他把读书看作是件愉快的事。在读这些书的同时，他在私塾老师的督促下，先后背熟了《古文观止》中的二百多篇散文。对《桃花源记》《祭十二郎文》《赤壁赋》《报刘一丈书》等精妙的古文，他不仅努力初浅地读懂了，而且喜欢上了。他还向二叔学过《春秋左传》，二叔说蒲松龄有《左传》笔法，所以他又去翻读《聊斋志异》。尧棠接触了中国古典文学作品，具有了初步的阅读基础，这对他以后的帮助很大，如他后来写了二十多本散文就与他读了《古文观止》中的二百多篇散文很有关系。

祖父不让尧棠进新式学校读书，就请来了季表哥，即尧棠姑妈的儿子濮季云辅导他学习英语。尧棠称季表哥是"对我的智力最初的发展大有帮助的人"。他在季表哥的指点下，阅读了英文小说，让自己了解了外国文学知识，有机会在另一个领域开阔了眼界。

祖父去世后，尧棠进了成都外国语专门学校学习，算是第一次冲出了大家庭的罗网，开始接触社会生活了。这时候，中国大地掀起了反帝反封建的革命风暴，尧棠和大哥、三哥、季表哥，还有三房的六姐，都贪婪地读着一切新的书报，如北京出版的《新青年》、成都出版的《学生潮》等等，并展开讨论，各自谈着想法和看法。五四运动，像破空骤响的春雷，惊醒了沉睡的大地，尧棠说他"睁开了眼睛，开始看到了一个崭新的世界"。《新青年》《学生潮》，还有纷纷传来的进步报刊如《每周评论》《星期评论》《少年中国》《少年世界》，加上四川本省的《国民公报》《川报》《民报》、成都本地的《星期日》《半月》等等，都大量刊登着如火如荼的学生运动的消息，以及陈独秀等革命先驱者高举"民主和科学"两面大旗,向着几千年封建统治的传统势力发起宣战的言论。一次伟大的思想解放运动如火炬照亮了人们的心,尧棠吸收了各种新的思想,更加看清了大家庭的腐朽和没落,并把这种腐朽和没落与整个社会制度的不合理联系起来,认识到不改造旧世界就不能建设新世界的道理,他把这改造的责任也放到自己的肩上,决心投身到反对封建伦理道德观念、反对宗教迷信、提倡自由民主的行列,做一个热血男儿。尧棠后来在谈到他那时的情况时说:"面对着一个崭新的世界,我有点张皇失措,但是我已敞开胸膛尽量吸收,只要是伸手抓得到的新东西,我都一下子吞进肚里。只要是新的、进步的东西我都爱;旧的、落后的东西我都恨。"

尧棠从一位姓陈的朋友那里得到一本克鲁泡特金在瑞士亡命时写的《告少年》的节译本。在这本书的后面印着醒目的两行字:"天下第一乐事,雪夜闭门读禁书。"尧棠见是"禁书",能够读到它是"乐事",出于好奇求新的心理,就如饥似渴地读起来,很快就被它征服了,尽情地吮吸着它的丰富的思想乳汁。克鲁泡特金出身俄国贵族家庭,曾放弃了他的亲王身份和在宫廷中的锦绣前程而到西伯利亚服役,经历了五年的艰苦生活，体会到改造社会的途径只有革命。克鲁泡特金主张消灭私有制，鼓动人们积极参与改变私有制的社会革命。尧棠觉得《告少年》"全是我想说而没法说得清楚的话"，尤其"那种带煽动性的笔调"使他激动得一会儿流泪，一会儿微笑，简直痴迷得没法形容。克鲁泡特金要求各行各业的专家"亲自到民间去"了解民情民意，说："社会革命会把一切奴隶制度完全破坏，会把一切镣铐打断，会把一切旧传统完全打破，给人类全体开辟新天地，到后来就会使真正的平等、真正的自由、真正的博爱实现在全人类社会里。那时候，人人都有工作，人人都能享受自己劳动的成果，人人都能尽量发展他们的能力，大家终于能够过着合理的、人道的、幸福的生活了！"尧棠读了这些字字铮铮作响、句句冒出火花的话，对克鲁泡特金描绘的这幅未来世界的图景心驰神往。当时，尧棠还不能认识到克鲁泡特金废除一切国家、消灭现存制度、建立"无政府"社会，只是"乌托邦"式的空想社会主义。但他为能从这本书中得到了爱人类、爱世界的理想兴奋得睡不着觉。他好像听到了克鲁泡特金那联合"一切受苦受罪受侮辱的人"向着专制压迫开炮的吼声。他相信"万人享乐的社会就会和明天的太阳同升起来，一切的罪恶都会马上消灭"。他觉得克鲁泡特金所生活的俄国十九世纪沙皇专制社会，与中国封建专制社会是相类似的，不都要"像大海大洋一般"去摧毁旧的制度吗？他认为克鲁泡特金背叛了贵族家庭，不正是为他做出了样子坚决去与封建家庭决裂吗？尧棠从童年时代起在母亲与轿夫老周的教育下就已经蕴蓄了泛爱思想、人道主义精神，在实际生活中又滋长了对旧制度的不满和怀疑，所以克鲁泡特金反抗专制压迫、追求合理生活的理想，和尧棠的所思所想是相通的，形成了他强烈的民主主义革命意识。

尧棠从此不满足"闭门读书"的生活了。他要为实现自己的理想而去寻找能够给他以支持的同伴，他要把自己的真挚和热情付之于行动。他多么需要一个导师来指路，告诉他如何为伟大的事业献身啊，于是他想到了主办《新青年》杂志的陈独秀，禁不住拿起笔来给这位当时名声很大的人物写了信。信发出以后，他焦急地盼着能够收到回信，后来他回忆当时的心情，说："我像一个谦卑的孩子，我恳求他给我指一条路，我等着他来吩咐我怎样献出我个人的一切。"可是，陈独秀竟没有给尧棠答复，虽然他感到大失所望，但并不因此而被浇灭了理想的火焰，他要牢记住他确立的"奋斗就是生活，人生只有前进"的远大目标，作出最大的努力。他在上海出版的《申报》上看到一则可以索要一本叫《夜未央》的书的广告，于是立即寄去邮费，书很快寄到了。这是波兰作家廖抗夫写的剧本。剧本的内容反映了俄国一九〇五年革命斗争的情况。剧中女主人公和她的爱人为反对沙皇的罪恶统治进行了英勇的斗争，结果爱人在她点燃了信号后抱着炸弹将敌人的总督炸死，自己也壮烈牺牲。尧棠看完了剧本，为这一惊心动魄的斗争大为感动，说："在《夜未央》里，我看见了在另一个国度里一代青年为人民争自由谋幸福的战争之大悲剧，我第一次找到了我的梦景中的英雄，我找到了我的终身事业。"尧棠在读了《告少年》与《夜未央》后，开阔了眼界，好像有了献身事业的办法似的，沉浸在未来的憧憬之中。在这段时间，尧棠从《实社自由录》和《新青年》杂志上读到了爱玛·高德曼的文章，受到了强烈的震动，坚定了他"走解放的路"的决心。尧棠认为高德曼的文章滔滔雄辩，所读的关于反对旧的落后的东西这些内容有"精密的理论"，有"深透的眼光"，鼓动性很强，而描绘的未来的理想境界又正是尧棠所向往的，因此他在读的时候十分感动、喜悦，要不是当时他用英文写信还有困难，就和高德曼联系了。尧棠读了各种各样的书刊报纸，读出了他的人生追求，读出了他的崇高理想，读出了他的全部热情，于是他勇敢地走入社会。

尧棠从成都出版的《半月》杂志第十四期上读到《适社的旨趣和大纲》的文章，对提出的要研究"适应人类全体生存的要求"，建立一个"各尽所能，各取所需"的社会宗旨，很有兴趣，深表赞同，于是他迫不及待地写信给《半月》的编辑，请他们介绍加入"适社"。不久，《半月》的一位姓章的编辑到李公馆找到了尧棠，约他过两天去指定的地方和几个人一起谈谈。尧棠高兴得心都要跳出来，轻快得像沐着春风，昂奋得像走向太阳，准时地到了章编辑的住处。那里，除了章编辑，还有三个年龄比他大的青年人，其中一位是吴先忧。尧棠成了受他们欢迎的人，激动得不知说什么才好。他觉得他与他们虽初次见面，但大家都像老朋友似的，随便得很，每个人掏出了心里的话，谈得兴致勃勃，每个人谈得都十分动情，很有肩负起天下兴亡的气概，尧棠在感情上一下子就与他们靠拢了，觉得他们真诚坦率，没有装腔作势的卖弄，没有虚伪的仪式礼节，没有互存戒心的提防，像这样倾心交谈是很难得的啊！尧棠说："在那里的两个小时的谈话照彻了我的灵魂。我好像一只被风暴打破的船找到了停泊的港口。我的心情昂扬，我带着幸福的微笑回到家里。"

从此，尧棠成了"半月社"的成员，并当了这个刊物的编辑。这段时间，尧棠有着从所憎恨的"家"中走出来参加社会活动的欣喜，有着交上了这么多与他志趣相投的朋友的兴奋。在半月社这个团体里，对尧棠影响最大的是吴先忧。吴先忧比尧棠大几岁，原来是外国语专门学校高年级的同学。这个人正如他从范仲淹的《岳阳楼记》中"先天下之忧而忧"这句话取名为"先忧"一样，怀有忧国忧民之心，富有牺牲精神。在组织半月社时，便自动退了学去做裁缝，实践自己所信奉的"劳工神圣""不劳动者不得食"的学说。为了解决办刊物的经济问题，夏天穿着棉袍，满头大汗地跑到当铺脱下来，换钱去交付刊物的印刷费，及时地让《半月》杂志与广大的读者群众见面。这行为着实使尧棠由衷地敬佩。他把吴先忧称作"我的第三个先生"，说："我这个先生的牺牲精神和言行一致的决心，以及他不顾一切毅然实行自己主张的勇气和毅力，在我的生活里留下了不可磨灭的影响。""母亲教给我'爱'；轿夫老周教给我'忠实'（公道）；朋友吴教给我'自我牺牲'。我虽然到现在还不能够做到像他那样地'否定自己'，但是我的行为却始终受着这个影响的支配。"尧棠在这位可尊可敬的朋友的影响下，工作勤奋，每天下课后，便从外国语专门学校步行到《半月》编辑部去编发稿件，写信回答读者提出的问题，甚至连扫地之类的杂务活他也去干。为了纪念五一节，还在深夜秘密地张贴传单，宣传革命内容，以唤醒群众的觉悟。尧棠在忙忙碌碌中感到了生活内容的充实，感到了做一个准备随时为理想、为事业而献出生命的人的自豪，感到了与有革命热情的朋友在一起战斗的欢乐，感到了社会大家庭值得信赖的舒心……

与成都告别

尧棠在半月社当了编辑，得到了锻炼，并直接接触了读者群众，结识了不少新的朋友，感受到了在战斗中生活的意义。

《半月》是综合性的小刊物，每半个月出一期，它从一九二〇年八月一日创刊起，就吹响了战斗的号角，跟敌对势力展开了英勇的斗争，那些揭露与抨击社会黑暗的言论刺痛了反动当局的神经，于是引起了警察厅老爷们的警觉，派人到编辑部横加干涉，尧棠他们不接受警告，还与来人进行了辩论。

那时候四川有三个女学生剪掉了发辫，这一消息在社会上广泛传开了，尧棠他们很是高兴，可是省会警察厅却出了布告禁止女子剪发，激起了半月社进步青年的公愤，他们在自己办的这个已产生了社会影响的杂志上刊出了这样一条消息：

> 《国民公报》一九二一年七月八日载，"省会警
> 察厅出示略云：昨据汪顷波报称，近日妇女每多剪
> 发齐眉，并梳拿破仑华盛顿等头式，实属有伤风
> 化。应予出示禁止，以挽颓风。嗣后妇女已剪者，
> 赓即蓄留；未剪者不得再剪！如敢故违，定以妇女
> 坐法处罚家长"云。

半月社的一个主笔写了一篇词锋犀利的批判警察厅
布告的文章，在社会上产生了轰动，刊物被抢购一空。
这样，《半月》遭到查禁。编辑部的几个人顶着风险，
秘密地编了一期"停刊号"，由一个名叫袁诗荛的青年
人动笔，叙述了停刊的前后经过，写得慷慨激昂，尧棠
读后热血沸腾，他觉得这是一篇声讨封建统治者的
檄文。

《半月》终于在一九二一年七月被迫停刊了。《半
月》被禁后，尧棠与另一批人合办了《警群》月刊，后
因几个人的思想不统一，他就退出了。到年底，尧棠主
持编辑《平民之声》周刊。这是他生平第一次担任主

编，担子重了，工作得十分辛苦，要发稿，要校对，要销售……但他乐在苦中，看到自己编出的一篇篇文章排成了铅字，印刷了出来，他比什么都高兴啊！他说："在印刷局里面守着那印机转动，还带了绝大的注意看着每两份连在一起的刊物一张一张从印机上飞下来。那种激动、那种热心使得我们每个人甚至忘了晚饭。"然而，麻烦的事情也不少，在那个没有言论自由的社会环境下，办刊物必须要将稿件送到省会警察厅去审查，否则禁印，印了也不许发行。要过这一"关"，谈何容易，为此不断地发生纠纷，使尧棠的工作经常受到挫折。警察厅认为刊物"言论过激，对于国家安宁恐有妨害"，不许印出。尧棠变换出各种方式来与警察厅周旋，极其艰难地出了十期就停刊了。

尧棠在编辑或主编刊物的过程中，固然进一步认识了反动统治者压迫人民的反动面目及害怕革命群众的心理，更重要的是训练了自己分析事实的能力。到了一九二一年，他已是十七岁的青年人了，各方面都走向了成熟与老练，这从他写的几篇文章中可以看出来。

尧棠的第一篇文章《怎样建设真正自由平等的社会》描绘了一个有真正的自由、平等的理想的乐园，有饭吃，有衣穿，人人受教育，个个有工作，他高呼：
"推翻那万恶的统治。那时这自由平等的社会就要实现
了！若是再一味地隐忍，那么，你们就要为资本家的鱼
肉！"他写这篇文章时，天不怕，地不怕，倒不曾引起
过任何麻烦。他说："那时候，我不过是一个小孩子，
很会写些感情的话语，我大胆地凭着个人的直觉否定了
整个现实社会制度的存在，而且有着一股傻劲，觉得为
一篇文章杀头也算不了一回事。"这股"傻劲"反映了
他的无畏精神。

尧棠的第二篇文章《爱国主义与中国人到幸福的
路》言辞激烈，在《警群》上发表之前，有个不怀好意
的编辑看了稿件后说："这篇文章会把鼓打响的。"意思
说会触怒省会警察厅的，还是小心些为是。然而，尧棠
经过争论，最后还是刊登了。他在文章中指出中国人的
幸福之路就在于用"社会革命"实现理想的乐园。他是
一向怀抱着理想不放的。

尧棠的第三篇文章是《托尔斯泰的生平和学说》。
文章介绍了托尔斯泰是怎么在著作中无情地揭露沙皇制
度的种种罪恶，呼唤"自由平等"社会的到来，等等。
写这篇文章的目的还是为了表达对建立理想社会的

愿望。

尧棠参加了社会活动，创办了新刊物，觉得自己好像是"饱经忧患"的大人了。在几种刊物先后停办后，尧棠的朋友们也相继走散了。他想到他要如羽毛丰满的鸟儿飞出去，对他生活的"家"竟毫不留恋，一方面因为他在过去的十几年中已经用眼泪埋葬了不少的尸体，这都是被腐朽的传统观念杀死的牺牲者，自己早就想冲出黑暗的牢笼；一方面因为他在参加社会活动和创办刊物的过程中孕育了自己的理想，有足够的勇气要离开他住过十二年的成都。还有，他因无中学毕业文凭，不可能领到外国语专门学校的毕业证书，因此未毕业就自动退学了，很想出外求学。在那个时候，成都的许多进步青年总是把离开这座闭塞的封建顽固堡垒到外地求学，看作是唯一的出路，尧棠也卷进了这股潮流。三哥尧林鼓励尧棠和他一起出去，但尧棠放心不下在封建牢笼中受苦的大哥和其他几个亲人。他与三哥把出去的想法跟继母、大哥和二叔谈了，大家都同意了他俩的决定。

大哥把悲哀留给自己，支持两个弟弟去闯世界，心想他们兄弟俩兴许通过深造有出头之日，回来与他一起重振家业。大哥还想到，自己失去了前程，再也不能让两个弟弟像他一样失去。尧棠对大哥是非常感激的，他表示要永远把大哥挂在心上。

离家的早晨，尧棠和尧林向二叔辞行，二叔掏出了二十块银圆相助，嘱他俩沿途小心谨慎。因继母与三婶闹翻，他俩想去与平时相处甚好的六姐话别却没有得到三婶的准许，非常遗憾。尧棠和三哥尧林上码头的时候，送行的只有大哥尧枚一人。大哥流着眼泪对两个弟弟说："从此我和你们离开得远了，希望你们勤写信，不要忘记家。我会觉得你们仍在我身边的。生活如有困难，就写信来，家中经济虽然不比以前了，但我一定尽力帮助你们。"尧棠和尧林听了，鼻子一酸，眼泪掉了下来，没有了父母，大哥就是最亲的人了。他俩登上了小木船，不断地向大哥挥手告别："再见吧，大哥！""再见吧，大哥！"

一条小木船载走了他俩，驶向上海，把他俩从住惯了的故乡送入茫茫人海中去，就像两只失群的小羊跑进广袤的牧野，自此开始了在人生道路上的漂泊和探索！

尧棠和成都告别了！

十九岁的尧棠把旧家庭可怕的黑影摔在身后了！

为求学异地奔波

尧棠离开成都，开始他人生的长途旅行。尧林作为他的三哥，处处照料着他，有事兄弟俩互相商量，这样就减少了旅途生活的寂寞。

经过将近一个月的旅途生活，终于到了上海。尧棠第一次来到这繁华的大城市，见到外滩高耸林立的大厦就像一个个巨人依次排队站立着，气势非凡。宽广的街道上，电车不停地来往奔驰，与汗流满面的黄包车夫拉车快跑很不协调。那些穿行如织的人流、花花绿绿的男女、持棍巡视的巡捕、高鼻黄发的洋佬……构成了在川西盆地根本看不到的奇特景观。这里不就是富人的天堂吗？尧棠看了恍恍然不知是到了什么地方，小心翼翼地跟着三哥尧林走着，怕自己跑失散了。

到上海的当晚，兄弟俩在一家小旅馆里住宿，第二天到《新申报》找到远房本家李玉书，住进了离报社不远的申江旅馆。住宿问题解决了，尧棠和三哥尧林急着要找一个能供食宿的学校读书。后来，由二叔在海关工作的一个朋友丁桂岑介绍，住到了靠近北西川路的"景林堂谈道学舍"的学生宿舍里，温习功课，准备报考南洋中学。在考入南洋中学后，只读了半年书，因学费与寄宿费太贵，就转到收费较低的南京东南大学附属中学读书。尧棠与尧林借住在南京北门桥一间空阔的屋子里，过着非常俭朴的生活。兄弟俩用小皮箱做板凳，在微弱的煤油灯光下，伏在破方桌上做功课。半年后，他俩又搬到另一间狭小阴暗的屋子里住了一年，没有参加什么社会活动，把主要精力用在学校的功课上。在这些日子里，他俩没有娱乐，没有交际，除了同寓的三四个同乡外，是没有其他的朋友的。兄弟俩每天早晨结伴走到学校，下课后同行回到住处。下雨天，两人合撑一把伞，雨点常常打湿了他们的蓝布长衫。夏天的夜晚，蚊虫乱飞，他们睡在没有帐子的木板床上，任其叮咬得不能入眠。尧棠时时想念着大哥。大哥成了他和那个"家"中间唯一的联结，他想大哥也一定是在记挂着他与三哥呢，于是他们每个星期给大哥写一封信，大哥每个星期至少有一封回信，这是他们身在异地寂寞生活中最大的安慰。大哥有一封信告诉他们三姐尧彩因难产而死，兄弟俩伤心得抱头痛哭。三姐比尧棠大五岁，二姐去世后，她一直是爱护着尧棠与尧林的，她与他们为怀念着共同爱着的母亲而心始终在一起。今后再也看不到三姐了，尧棠怎不心痛？他想，自己要是与尧林在家，一定会在她临终前到医院去看她的，但为了求学，寻找革命的道路，不得不离开了家，三姐地下有知，大概是会原谅的吧。出外一年半的时间，尧棠和尧林没有白白浪费掉时光，求学增长了知识，脑子里也装进了新的东西。

尧棠与三哥尧林在南京求学期间，五卅运动爆发了。一九二五年一月中国共产党第四次全国代表大会后，群众运动蓬勃发展。上海、青岛等地的日本纱厂工人先后举行大规模罢工，遭到日本帝国主义和北洋军阀的镇压。五月十五日，上海日商内外棉七厂工人、共产党员顾正红领导工人跟日本商厂资本家进行斗争，遭到枪杀，激起全市工人、学生和市民的愤怒，成为五卅运动的导火线。五月三十日，上海学生二千余人在租界内宣传声援工人，号召收回租界，被英国巡捕逮捕一百多人，随后群众万余人集中在公共租界南京路巡捕房门首，要求释放被捕者，高呼"打倒帝国主义"的口号，英国巡捕开枪屠杀，群众死十余人，伤无数，造成了五卅惨案。北京、南京、汉口、广州、长沙、天津等各大城市纷纷举行游行示威，并罢工、罢课、罢市，形成了全国规模的反帝怒潮。在南京声势浩大的游行示威队伍里，有东南大学附属中学的学生，学生中有斗志昂扬的二十一岁的青年李尧棠。尧棠在这次示威游行中，看到了全国人民高涨的爱国热情，看到了社会各阶层的群众为废除外国人在中国的特权所付出的血的代价，他整个的心灵震动了，想到自己虽是一滴水，也要汇入到滚滚的革命洪流中去，掀起拍天的巨浪，发出震天的怒吼！

高中毕业以后，尧林到苏州东吴大学读英文，而尧棠则向往北京大学。北京大学是五四运动的发源地，尧棠受到五四反帝反封建思想的哺育，因此他把北京看作是自己寻求革命道路、实现革命理想的地方。这样，这两个在二十年中一直生活在一起的兄弟不得不分手了。尧棠离开南京北上的那天，三哥尧林在浦口火车站送他，嘱咐他"小心饮食，注意身体"。"呜呜——"汽笛响了，火车就要开动了，尧棠将头探出车厢外，不停地与三哥挥手告别，止不住眼泪直流。火车出站了，载着尧棠向北京驰去，他怅然若失，一下子离开了三哥尧林，他是很不习惯的，坐在车厢连说话谈心的人也没有，一种特有的孤寂感袭击着他的心，好闷啊，只得看书来打发时间。

到了北京，尧棠感到了北国风光与南方气象有着明显的不同，它就像一个人的风格一样：粗犷、豪放。再说，这儿名胜古迹金碧辉煌，城台殿阁精致华丽，尧棠领略了它的壮观。尧棠顶着风沙，找到了只通过信没见过面的朋友沈茹秋，通过他介绍，住进了北河沿同兴公寓。沈茹秋非常热心地为尧棠安排了住宿，还与尧棠讲了有关朝鲜爱国者为了争取独立与日本帝国主义进行不屈斗争的事迹，使尧棠意识到一个民族遭到外侮，会给祖国带来深重的灾难。原来沈茹秋是朝鲜人，尧棠认为这是一个值得信赖的热情的朋友，心想能进入北京大学学习，跟他接触的机会可就多了。

不料，尧棠最后没有能够进入北京大学学习。事情是这样的：他接到北京大学招生处发出的检查身体的通知，满怀希望地准时到了那儿。医生用听筒听了一下他的肺部，再看看他的面孔，半晌没有说话，这时尧棠紧张得脸上脱色，心怦怦地跳着，像有了一种不祥的预兆。偏偏又在这个时候，他咳嗽起来，医生连连摇头，表示他无法通过体检，肺部出了问题，接着就在体检表上写着什么，尧棠像听到了法官宣判似的几乎瘫了下来。肺结核病，在当时称作痨病，很难治愈，谁得了这种病，谁就像被判处了死刑般地感到绝望。尧棠想起了二姐不就是患肺结核病死去的吗？这使他沮丧不已，有气无力地回到住处。因为有病，他就放弃了入学考试，返回南京。

尧棠到了南京，郁郁寡欢，尧林百般地安慰他，并陪他到诊所复查身体，确诊他患有轻度的肺结核，好好休息，注意营养，是会恢复健康的。尧林这时已经接到了苏州东吴大学的入学通知，反正还要过几天才去报到，索性就与尧棠在鸡鸣寺等地游览，让弟弟散散心，尧棠的心情也确实好多了。尧林考虑到上海的医疗条件好，那里的朋友多，建议尧棠回上海休养，尧棠觉得这样比较合适，决定离开南京。于是尧林为尧棠买好火车票，又去火车站为尧棠送行。

尧棠独自转回上海，又翻开了他人生道路的新的一页！

病后的忙碌

尧棠刚回到上海时，生活的孤独和寂寞给他带来了难以消除的苦闷。他说："我不能够忍受下去了，便重回到现实的路上，做一个社会运动者，要用人群的力量来把这世界改造，改造成一个幸福的世界，使将来不再有一个人受苦。"他忘记了三哥尧林叫他"多注意休养，少一些活动"的关照，也不把病放在心上，而是忘我地与志同道合的朋友办起了一个《民众》半月刊。他和一位同学住在法租界马浪路一个弄堂里的二层楼上，生活十分艰苦，微薄的经济收入使他每天只能靠着两个小面包和一壶白开水度日。他想起了三哥尧林，尧林的关心和爱护温暖了他的心，增添了他克服困难的毅力，但他不肯在写给尧林的信中透露他真实的生活情况，他不愿让尧林为他的苦恼分心。尧林在苏州把家中寄来的钱分一些给尧棠，但很少，因为大哥在成都维持家庭也十分艰难。尧棠并没有好好休养，相反地，是在拼命工作，在一九二五年年底和一九二六年年初，于上海《时事新报》副刊《学灯》上，他以"芾甘"的署名发表了宣传无政府主义的文章。一九二六年与友人卫惠林一起为太平洋书局编《革命论丛》（未出版），在《学灯》和《洪水》上讨论关于"国家学说"的问题，发表《法国安那其党人的故事》等文章。同时，在这一年编写出一本《五一运动史》，译完了克鲁泡特金的《面包略取》（后改名为《面包与自由》）。这个时期，他自称"我是一个无政府主义者"，是"安那其主义者"。他和一些有无政府主义思想的人往来密切，并通过无政府主义的信奉者秦抱朴介绍，给爱玛·高德曼写了一封信。出乎意料的是，尧棠很快收到了爱玛·高德曼的复信，激动得反复地读，他对这位"为了信仰而坐过牢"的无政府主义者是十分崇拜的，觉得从她的高大形象上，能够迸发出自己理想的火花，找到足以为理想奋斗终生的事业，因此称她是自己"精神上的母亲"。

尧棠受了无政府主义思想，尤其是克鲁泡特金那种无政府共产主义思想的严重影响，于是，他憎恨一切人压迫人、人剥削人的制度。他热爱人民，同情人民，为弱小者呼吁，替受难者申冤。他要革命，但不知道如何革命；他憎恨剥削制度，而不了解产生这种制度的社会历史原因；他追求光明，渴望一个真正自由平等的理想社会在人间实现，但只是停留在主观愿望的空想上。他用西方那种非科学的空想的共产主义理想来建立起自己的信仰，是找不到出路的。克鲁泡特金主张消灭国家，取消政府，废除法律，由多种社团的自由联合来代替国家的统治，这种无政府的共产主义世界观是个人主义的，和集体主义背离，其思想体系和科学共产主义理论根本对立。尧棠接受了这种思想，无疑阻碍了他向正确的道路上前进。尧棠毕竟是在书斋中寻求真理，寻求安慰，寻求鼓励，缺乏社会斗争经验，所以对问题也就缺乏本质的认识。

与尧棠一起办《民众》半月刊的卫惠林把要去法国留学的想法告诉了尧棠，问尧棠是否愿意一同前往。尧棠是多么向往被称为"革命策源地"的法兰西啊，那里有他崇拜的卢梭、雨果、左拉、罗曼·罗兰，有他敬仰的法国大革命时期雅各宾派的领袖马拉、丹东、罗伯斯庇尔，还有他信仰的安那其（无政府）党人……能到法国去，那当然是自己迫切的愿望，但要成行，得需一大笔旅费，怎么解决呢？他到苏州去跟三哥尧林商量，尧林说到成都家中经济的困难，也说到大哥的处境不佳，尧棠对这些情况不是不清楚，他看到尧林一筹莫展的样子，自己也忧虑起来。尧棠回到上海后，给大哥写信，要大哥给他准备路费及到法国之后一个短时期的生活费用。大哥回信了。他慌忙地拆开来看了，大失所望。大哥反对他出国，希望他回成都去帮助整顿家业，还说到家中没有经济能力支持他出国。尧棠又写了一封信给大哥，还是坚持出国，并发生了书面争论。大哥因尧棠话讲得急躁了些，很难做说服工作，就写信给尧林，让尧林劝说尧棠，但尧棠怎么也不听。尧林是知道尧棠的脾气的，他从小就犟，对认定了的事情叫他不干是很难的。尧林考虑到尧棠出国深造也是好事，于是反转过来劝大哥接受尧棠的要求，大哥终于拗不过他心爱的弟弟尧棠而同意了。大哥汇款到上海，写信给尧棠，叫他到法国读工科，将来当工程师。尧棠心中装满着祖国人民的苦难，怀着为剥削家庭赎罪的感情，没有听从大哥的话去改变自己的选择，他要到法国去寻找改造社会的方法，为实现自己的理想而努力奋斗！

尧棠办好了出国手续，拿到了去法国的护照，就写信告诉了三哥尧林。在出国前的一天晚上，他读着三哥的来信：

> ……你到法国后应当以读书为重，外事少管，因为做事的机会将来很多，而读书的机会却只有现在很短的时间。对你自己的身体也应当特别注意，有暇不妨多运动，免得生病……（巴金《我的哥哥李尧林》）

尧棠从尧林充满了手足之情的话语中感到了三哥对自己的关心。他知道三哥的心很细，顾念别人已到了忘我的程度。他了解三哥在苏州过的是苦学生的生活，有时还不得不做家庭教师，领一笔微薄的薪金来缴纳学费。三哥从不羡慕别人的阔绰，也没有为生活的贫苦发过一句牢骚。三哥是在痛苦的挣扎中度过了最后一年的学习生活的。自离开成都后，三哥尧林体谅大哥的苦衷，宁可节省些，也不为难大哥，尽量少向家中要钱，收到钱还要分一些给尧棠使用。尧棠想起了这些，内心充满了对三哥的感激之情，随即给三哥写了回信，时间在不知不觉中已到了深夜。

尧棠身体不太好，忙碌使他无法如三哥尧林所嘱咐的要"特别注意"。第二天早晨，他就要出发远航了，想到那破浪前行的风帆将载他奔向理想的彼岸，他兴奋得睡不着了。

在巴黎的日子

　　一九二七年一月十五日早晨，尧棠提着衣箱，到了黄浦江的公和祥轮船码头。他与卫惠林登上了开往法国马赛名叫昂热号的轮船。

　　当尧棠告别故土的时候，他百感交集，站在甲板上，看看远处，望望四周，禁不住热泪盈眶：

　　"再见吧，我不幸的乡土哟！"

　　尧棠与惠林同住在三等舱内，睡在面对面的两张铺上，两个人谈谈话是很方便的。他们谈到北伐军节节胜利、攻下武汉、逼近上海的形势，谈到整个民族革命运动的鼓舞人心……

　　尧棠还是能够适应海上生活的，即使有时遇到大风大浪，轮船颠簸得厉害，他也没因晕船而呕吐，像他这样一个有病的人，能够支撑得住，却是叫人感到他内在的生命力的顽强。三十五天来，沿途经过香港、西贡，以及新加坡、锡兰，后又通过苏伊士运河到了塞得港，再进入地中海，经过意大利和瑞士，最后到达了目的地——法国马赛。一个多月的航行时间，对尧棠来说是漫长的，但又觉得是很快的。在船上他广交了不少的新朋友，大家聚拢在一块儿，无拘无束地畅谈着国内国外的各方面的问题，互相交流各自的意见与看法，结下了珍贵的友谊。在船上，尧棠写了一本《海行杂记》，记录了他沿途的见闻、感想和生活情况。他饱览了异国多彩的山光水色和风土人情，目睹了帝国主义统治下殖民地人民悲苦的生活现状，感受了"海外孤儿"的华侨对祖国同胞的友好，等等，这些都成了尧棠写作《海行杂记》——他的第一本散文集的内容。尧棠在《海行杂记》中的每一篇作品都是有感而发的。在船上，他看到有两个波斯教士任人欺侮，忍气吞声，他们过着苦行者的生活，风浪大时，紧紧抱着一块木头睡在地上，脸上露出痛苦的神情。尧棠对他们是同情的，但对他们的"忍受"是厌恶的。他写道：

你这位波斯的耶稣啊，你以为你这样就会拯救人类吗？不，不，除了反抗而外，再没有别的方法可以使人类得救。你，你一味地忍受，到后来你也会被人钉死在十字架上。这"忍受"会判决你的死刑。在这个世界上，我们不能忍受，我们也不应当忍受。（巴金《耶稣和他的门徒》）

这就是尧棠朴素的生活信念，是他充满了民主主义精神和人道主义精神的表白。

海上的生活就要结束了，再过一天就要到达马赛了。晚上，尧棠在甲板上，翘首望着明亮的月光，想到了故乡的亲人，沉浸在对往事的回忆之中，真有点"天涯共此时"的意味。面对海上升起的一轮明月，尧棠想象大哥、三哥也和自己一样在望月想念远隔天涯的亲人呢，他在心里默默地说道：大哥、三哥，我的旅途生活是新奇而平静的，你们会看到我的《海行杂记》而了解的。

尧棠与惠林到了马赛，给在巴黎的朋友吴克刚拍了电报，告之到巴黎的时间。尧棠与惠林到巴黎后，住在拉丁区一个古旧旅馆的五层楼上。在这儿住，生活花费要少些，显然条件是很差的。房间的面积不大，因正对面耸立着一座高大的楼房，遮住了阳光，很是阴暗。无论是白天，还是黑夜，都要把窗户打开，否则闷得叫人透不过气来。从窗口看下去，是一条孤零零的小街，街角只有一家小咖啡店，冷冷落落。刚住到这儿，朋友很少，虽有闲空，却很寂寞。尧棠每天要到附近的卢森堡公园散步，以排遣内心的苦闷。他想在巴黎进大学攻读经济系，但中途不好插班，加之进正规大学之前需学一段时间的法文，以克服听课时的语言障碍，因此晚上去夜校补习。卫惠林经常到图书馆自学，白天很少在家，尧棠就更感到冷清了，于是就坐下来续写《海行杂记》，又写成了小说《灭亡》的前四章。阳光难照到的阴暗的房间加深了他的忧郁感。他来到向往已久的巴黎，怀着这种忧郁的心情，看那些身穿破衣的工人和穷学生，总是愁眉苦脸地游荡在街头，联想起他们就像祖国在苦难的深渊中受着煎熬的人民，一样没有生活阳光的照耀；看那些颈项上围着狐皮、浓妆艳抹的太太小姐，浑身的珠光宝气，联想起故土也普遍存在着"上等人"与"下等人"之间贫富悬殊的现象，觉得天下的穷人都要通过革命来改变悲苦的命运。尧棠用忧郁的眼光，看那圣母院的钟楼，就像高耸的两块墓碑，而在凝滞的空气里它那单调的钟声，就像发出悲鸣似的。尧棠在他的小屋子里，翻阅别人不要读的克鲁泡特金的著作，以及了解克鲁泡特金涉及到的大量伦理学经典作家柏拉图、亚里士多德等人的学说。他还借着写作《灭亡》来发泄着自己的爱与憎的感情。

离开祖国，远在被人们称为"世界首都"的巴黎，尧棠尽管下了很大的决心闭门读书和写作，然而从祖国传来的战斗呐喊却使他深深不安。震撼世界的北伐革命不断取得胜利，怀念祖国、渴望战斗的心情像一股不能熄灭的火，猛烈地燃烧着。他与君毅（吴克刚）、卫惠林在充满洋葱味和煤气的小房间里，讨论着国内革命形势的发展，虽然存在各种分歧，但他们却一致认为现在国内的形势已进入革命时期，而有些无政府主义者不从实际出发，也不从事实际工作，只空谈原则理论是不对的。尧棠对中国革命的首要任务是反帝反封建的认识随着现实的发展更加明确化了，在得知国内无政府主义者发出各种反对参加北伐的奇谈怪论时，立即撰文表达自己对于北伐的认识，寄回国内。他的文章和君毅、惠林的文章合为一本小册子《无政府主义与实际问题》，于一九二七年在上海出版。尧棠的文章针对大多数无政府主义者所谓"北伐战争不合无政府主义原理"的说法，指出对无政府主义原理应该采取的态度，强调原理与实际不可分割，它也必须受实际检验，他说："假若原理不能解释实际问题时，我们也不妨修正它，因为我们并不是迷信的宗教徒。"与那些叫嚣北伐是"军阀之争""党派之争"的无政府主义者截然相反，尧棠旗帜鲜明地肯定了北伐的革命性质，高度赞扬了在白色恐怖下带着献身精神"去受死刑，去进监狱"的革命者。随着国内革命形势的发展，尧棠思想上反帝反封建的积极因素也在丰富发展。他说："我有我的无政府主义。"为适应现实的要求，他对无政府主义进行了改造，补充进战斗的民主主义内容。尧棠接受了中国共产党正确路线引导下迅猛前进的人民革命对小资产阶级知识青年的影响，他思想上原有的消极因素被削弱或受到限制，成为非主导的、从属于他民主革命思想主流的成分。尧棠思想认识上的革命性、现实性使他区别于大部分无政府主义者，但他对于如何进行革命、参加实际行动的方式及目的这些问题的看法，仍然是严重脱离实际，带有无政府主义特有的空想性质。

尧棠绝没有想到，就在他把文章寄到国内不久，以蒋介石为首的国民党右翼集团发动了"四一二"反革命政变，成千成万的共产党员和工农群众倒在大屠杀的血泊里，声势浩大的北伐战争经历了短短的胜利之后，就被蒋介石一伙新军阀断送了。尧棠完全没有警觉到在革命阵营的内部潜藏着一股反革命的暗流，这突如其来的事变对他的希望和幻想是一个极大的打击。"四一二"大屠杀的消息传到巴黎的时候，尧棠的心头蒙上了一层阴影。他说："我的眼前的黑暗一天一天地增加了。从报纸上我知道某一处有许多人在为饥饿而哭，某一处又有许多人像猪羊一样被人屠杀，甚至最僻远的地方也送来了悲惨的消息，这是大批的人的灾祸。"国内大革命的失败使尧棠感到自己的热情、理想和抱负都失去了寄托，陷入了幻灭的悲哀，初到巴黎时的信心和热望被空虚和绝望所代替，他说："我的生活完全失去了目标，我只是彷徨着，像一个没有向导的盲人一样，准备着失脚踏进那个不可挽救的深渊里去。"

尧棠的住处在先贤祠旁边，他每天都要经过这里。在阴雨的黄昏，他独自走在国葬院旁边的一条路上，到卢梭的雕像前，对着这位被称为"十八世纪全世界的良心"的巨人诉说着自己的绝望和痛苦。卢梭是"梦想消灭压迫和不平等"的"日内瓦公民",那尊手拿书本、头戴草帽的雕像深深地吸引着尧棠,他伸手去抚摸那冰冷的石座,有多少话要倾吐啊!他读过卢梭的《忏悔录》,为其自我解剖的坦诚所感动,他了解这位先哲因为反对封建统治者和上流社会的特权而被自己的国家驱逐出境的遭遇,于是爱和恨、希望和挣扎一起涌上心头,他悲愤地喃喃说着:"真理是压不服的,妄图依靠刀枪来镇压革命,纵然伏尸万万人,流血万万步,也是没有用的,理想是杀不死的……"尧棠回到他的住处,奋笔疾书,写成了题为《理想是杀不死的》的文章。另外,他还写了《李大钊确是个殉道者》这篇文章。在阶级斗争的腥风血雨中,尧棠对李大钊胸怀理想、慷慨就义的伟大精神表示了敬仰之情。他用他的最崇高的赞誉称呼李大钊是一个"殉道者"。为了与那些和国民党合流的无政府主义者决绝,他又在几天以后写了《无政府主义者并不同情国民党的护党》等论文。国民党残杀共产党人和人民群众的暴行激起了远在法国的尧棠的义愤,同情弱者、反抗强暴的人道主义立场使他毫不犹豫地站到反对国民党的民主力量一边。这些文章后来都发表在美国旧金山出版的《平等》杂志上。

在苦闷中，使尧棠重新鼓起追索真理的勇气和信心的是意大利工人、无政府主义者樊塞蒂，是激动全世界的援救萨柯、樊塞蒂的群众运动。

一个偶然的机会，尧棠读了一个意大利的鱼贩子叫樊塞蒂写的自传《我的生活的故事》。樊塞蒂是十九世纪末意大利一个贫苦农民的儿子，青年时期经历过贫穷、饥饿、失业等种种痛苦，为了谋生他来到美国，但却始终找不到工作，即使临时在饭店、旅馆打工，也因他积极地从事劳工运动而被辞退，成了鱼贩子。他和他的朋友——鞋匠萨柯被美国当局以"强盗杀人"的罪名关押。他们遭到诬陷，许多证人证明他们无罪，资产阶级法庭仍然将他们判处死刑。由于世界各国劳工组织不断地抗议，刑期不得不一再推迟，樊塞蒂在狱中写了这本自传，美国进步作家辛克莱称它为"穷人的简短的编年史"。樊塞蒂以质朴的语言谈到了自己的希望，其中有几句话使尧棠万分激动：

我希望每个家庭都有住宅，每张口都有面包，每个心灵都受到教育，每个人的智慧都有机会发展。

尧棠读完了樊塞蒂的这部传记，立即被这个在美国监狱中的普通工人"优美的精神"所折服了。他摘录下这样一段话来表达自己和樊塞蒂精神上的呼应："我的心里生长了爱的萌芽，我怀着人类爱的观念……我在众人的自由中求我的自由；在众人的幸福中求我的幸福……我用我的诚实的血汗挣来我的面包，我的手上从不曾染过一滴他人的血，我的良心也是极其清白的。"樊塞蒂取代了"日内瓦公民"卢梭在尧棠心中的地位。他的正义感与同情心在樊塞蒂的人道主义理想和人类爱的感情里找到了思想依靠，同时也获得了为正义而斗争的力量，沉重纷乱的心情暂时得到解脱，并从绝望中振作起来，他说："我不再是失了向导的盲人了。我不再徘徊了。我已经找到了我的向导。"这个"向导"不是别人，就是樊塞蒂。他说："在这黑暗痛苦的世界中，他高高地立着，像一盏永恒的明灯。"尧棠为樊塞蒂和萨柯遭受的迫害深为愤慨，他全力投入了席卷法国的援救斗争，并给樊塞蒂写了一封热情的信。不久，尧棠收到了樊塞蒂的回信。面对着死亡威胁的樊塞蒂满怀信心地对尧棠谈起未来的革新和历史进化的趋势，又谈到但丁、莎士比亚、巴尔扎克以及其他许多人，还劝勉尧棠"要快乐起来，不要灰心"。尧棠在读信的时候，激动得手发抖，喉咙里也像有什么东西堵塞着，读完信后，他伏在桌上哭了。樊塞蒂对尧棠的影响是深远的，使尧棠明白了"面对生活的斗争"要有勇气，这样才"不致感到幻灭"。尧棠说："他叫我忠实地生活，要爱人、帮助人。"这不是母亲和轿夫老周教他的"做人"的道理吗？想到"一切为人民的缘故在断头台上牺牲了生命的殉道者"，他更感到如何"做人"的重要，所以那些"爱真理、爱正义、爱人类"的"殉道者"被他供奉在心灵的祭坛上，激励着他奋勇前行。

尧棠成天焦急地关心着樊塞蒂和萨柯这两个工人的命运，他已经没有心思去上课和进图书馆了。当时，美国马萨诸塞州州长在全世界舆论的压力下，不得不把刑期一再推迟，尧棠满以为两个人不会死的，悬挂着的心稍稍放松了。他还接到樊塞蒂写给他的第二封信，这封信开头就说"青年人是人类的希望"，樊塞蒂依旧乐观地谈着未来，尧棠读了依旧激动得心颤不已。可是几个月以后，事情出乎意料，樊塞蒂和萨柯这两个无罪的人给处死在电椅上，尧棠听到这使人震惊的消息，觉得像一声霹雳，转而为极大的愤怒，提起了笔，整整写了一天的信，要把樊塞蒂和萨柯被害的消息告诉全世界。

在苦难的现实和血淋淋的斗争面前，尧棠不能不承认，樊塞蒂所追求的人类彼此相爱的世界是不存在的。而樊塞蒂在临刑前说"我愿意宽恕那些对我不好的人"，尧棠认为他对敌人也报以仁爱是他所不能接受的，说："对于那些吃同类、杀同类、压迫同类的人，我是不能爱的，我是不能宽恕的。"因此，他对樊塞蒂所信仰和宣传的人类爱的观念发生了动摇。

尧棠因为旧病复发，听从医生的劝告，移居到与巴黎相隔一百公里的玛伦河畔埃纳省的小城沙多-吉里，这里休养的条件很好，因为是乡下，有安静的环境，另外生活费用也比较低。他和两位中国同学都住在以十七世纪法国寓言诗人拉封丹的名字命名的中学里，在那里念法文。沙多-吉里是个优美的小城，在那一年零两个月的寄寓生活中，他结识了和蔼慈祥的古然夫人，她是看门的。尧棠与她接触，感到她像母亲那样亲切。她的丈夫是花匠，为人纯朴诚挚，尧棠对这位老人的印象也是非常好的。离开这里多年以后，尧棠还怀念着他们，在一篇作品中写道："她那慈母似的声音伴着我写这篇回忆，愿她和她那位经常穿着围裙劳动的丈夫在公墓里得到安息。"尧棠和当地人民结下了深厚的友情,那每次遇到他总要含笑地轻轻招呼一声"先生,日安"或"先生,晚安"的卖花姑娘,那无论是在古堡脚下漫步或在街道上逛游,也无论是在田畔小路走过或在河边树林休息所遇到的善良而好客的人们,都与他十分友好。尧棠在巴黎,看到中国人不止一次地遭受别人的白眼,可是在这个小城里,许多人把他们看作远方来的亲戚,使自己过了一个时期的舒适日子。

在沙城,尧棠读了许多小说,特别是左拉的连续性小说《酒馆》《萌芽》《工作》,开始产生了写连续性小说的念头,连书名都想出来了:《春梦》《一生》《灭亡》《新生》《黎明》。但还来不及动笔,他就回巴黎了,因为囊资告罄,必须回国了。

尧棠回到巴黎住了一个多月,准备从马赛搭船回国。因碰上海员罢工,等了十二天后才终于登上了返回祖国的海轮。

尧棠在法国近两年,不仅没有认真上过大学的课,就连法文也没有坚持学下去。他接触了更广阔的世界,结交了更多的朋友,读了许许多多的书,特别是参加了为正义而斗争的活动,思考了更多的问题,听着巴黎圣母院报告时刻的沉重的钟声，开始写小说了，想让他的痛苦、他的寂寞、他的热情化成一行一行的字留在纸上。他的思想经常跟着他小说中的人物跑来跑去。他的思想像飞鸟一样，在他那个隐在浓雾里的小说世界中盘旋。命运把他推到文学创作的道路上去了。

返回上海的岁月

　　一九二八年十二月上旬，尧棠从法国马赛乘船回到上海。当时在开明书店工作的朋友索非正要结婚，就同他一起在闸北宝山路宝光里租了房子。索非夫妇住在楼上，他住楼下。他在那里一直住到"一·二八"事变发生。

　　索非介绍尧棠到上海世界语学会担任函授学校教员。上海世界语学会是一个学术性组织，尧棠出国前就在这里学过世界语，回国后他几乎每晚都在这里工作两小时。他在这里用世界语翻译了意大利亚米契斯的剧本《过客之花》、苏联阿·托尔斯泰的剧本《丹东之死》、日本秋田雨雀的剧本《骷髅的跳舞》，还翻译了匈牙利尤利·巴基的中篇小说《秋天里的春天》等作品。尧棠在翻译上花了不少时间，他是要借翻译来练笔的，翻译工作为他的创作作了准备。

尧棠回到祖国，入目而来的是洋人践踏着国土恃强凌弱的景象，贫困饥饿的国人成了低人一等的奴隶，备受歧视和奴役，淹没在生活的苦海之中。在上海滩，他看见外国人的军用车发出尖厉刺耳的怪声，横冲直撞，外国巡捕气势汹汹地对过往行人搜身，黄浦公园的大门口悬挂着"华人与狗禁止入内"的牌子……受到莫大的刺激。他痛苦、悲愤，在他归国后最早写出的《我的心》这篇散文中说道："我夜夜在哭，因为我的心实在痛得忍受不住了。它看不得人间的惨剧，听不得人间的哀号，受不得人间的凌辱。"他一声声地呼唤："妈妈，请你把我这颗心收回去吧，我不要它了。"他的心在颤抖。祖国像一个贫病交加的母亲，遍体鳞伤，他恨不得自己不要有"这颗心"，实在是目不忍睹，耳不忍闻，忍无可忍，一颗心没法安放啊！

尧棠从巴黎返回上海后的一年，发表了他在法国陆续写成的小说《灭亡》。

尧棠写完《灭亡》，原只想自己筹点钱把它印出来给他的两个哥哥翻阅，还送给一些朋友。后来在上海开明书店工作的索非接到了书稿后，就交给了正在代理郑振铎编辑《小说月报》的叶圣陶。尧棠初回上海，在朋友处看到了《小说月报》上面的预告，知道他的小说被采用了。"内容预告"是叶圣陶写的，说："这是一位青年作家的处女作，写一个蕴藏着伟大精神的少年的活动与灭亡"，"后半部写得尤为紧张"。和这部小说同时问世的"巴金"引起了广大读者的注意，震动了文坛。尧棠第一次用了"巴金"的署名。这名字是尧棠在法国沙城将《灭亡》寄到国内时由几个朋友商量取的。"巴"取自一位留法北方同学巴恩波的姓，此人当时在法国项热投水自杀，尧棠很是悲痛；"金"是一位学哲学的安徽朋友从书桌上看到尧棠刚刚译完的克鲁泡特金《伦理学》上卷而想到的。

《灭亡》在《小说月报》上发表后，引起了许多进步的小资产阶级知识青年的强烈共鸣。小说通过几个人物的内心感受，无情地揭露了在帝国主义和北洋军阀统治下中国社会的黑暗和罪恶。这是一座到处听到悲痛呼号的人间地狱，爱情、青春在这里受到摧残和践踏，劳动者的血汗被富人榨取，革命者惨遭军阀杀害……尧棠对旧制度、对反动统治者的憎恨，通过几个场面的描写，表现得淋漓尽致。在寂寞的巴黎，在对祖国的思念中，尧棠写了《灭亡》的最初几章，发泄着自己的爱与憎。樊塞蒂、萨柯事件前后，他也写下了一些即兴式的随想片段。当时全书的构思并未形成，他还没有设想出完整的人物和故事情节。一九二八年春，他在沙城收到大哥的来信，希望他学业期满后早日回国去扬名显亲，维持那个濒临破产的旧家庭。尧棠希望大哥理解自己选择的人生道路，从而认真地构思并写完了这篇小说。他在作品中肯定并颂扬了为革命献身的战斗精神，想让大哥看到《灭亡》，以便让大哥理解自己坚定的志向："为了我至爱的被压迫的同胞，我甘愿灭亡。"他在小说中的几个不同的人物形象身上，再现出他的生活经历、信念、希望和内心矛盾，有着他精神世界的投影。《灭亡》是一首反抗黑暗现实的颂歌。它鼓吹憎恨，因为爱被摧残；它宣传复仇，因为压迫的沉重；它赞美牺牲，因为怯懦太多……正是这种反抗黑暗的精神，《灭亡》像一座桥梁，沟通了尧棠与同时代青年的心，引起的社会反响是热烈的。尧棠第一次感受到了文学的力量，潜藏在他精神深处的文学才能在现实生活的触发下发展起来了。《灭亡》就是他走上文学道路的里程碑，用他当时的话来说："把年轻的生命浪费在纸上。"二十五岁的尧棠以笔名"巴金"传扬开来，成了一个以卖文为生的"专业作家"。

尧棠一九二九年到一九三〇年在上海的这段时间，翻译了克鲁泡特金著的《普鲁东的人生哲学》《伦理学》（下卷）等几本书。他在翻译《伦理学》（下卷）时，不得不去读他似懂非懂的斯宾诺莎、康德、叔本华的哲学著作，但在阅读与翻译十九世纪俄国民粹派作家的作品时，却为那些民粹派革命者的斗争事迹所感动、所陶醉，这无论是对他的为人处世，还是对他作品的思想和艺术，都产生了直接影响。一九三〇年，尧棠以他的最后一部理论著作《从资本主义到安那其主义》结束了前十年的社会政治活动。他开始写第二部小说《死去的太阳》。从此，尧棠以"巴金"为名进行文学创作，这是他生活道路上一个最有意义的转变。

《死去的太阳》写成后寄到《小说月报》被退回，巴金知道这是硬写出来的，缺乏生活的依据，因此他没有半点埋怨。不过，这对初露头角的青年作家来说，容易产生失望情绪，以为自己缺乏创作才能，加之他对他写的短篇小说《房东太太》也不满意，因为题材只是听人家讲的事情写成的，于是他认为"我这人不宜于写什么小说"。但是，"一件偶然的事情"改变了他的心思，使他重新提笔写起小说来。那是在一九三〇年七月的一个夜晚，巴金忽然从梦中惊醒，在黑暗中看见了悲惨的景象，耳边响起了一片凄凉的哭声，他无法入睡了，爬起来扭亮了电灯，一口气写完了短篇小说《洛伯尔先生》。他搁笔的时候，天已大亮，走到天井里呼吸着新鲜的空气，看着浅蓝色的天空里挂着灿烂的云霞，有着说不出的快感。他对这篇小说是满意的，写的是一个法国穷音乐师的爱情悲剧，背景是作家熟悉的沙多-吉里。整个作品的基调是深沉的悲哀，笔端倾泻着同情穷苦人的感情。此后，他写了许多短篇小说：《初恋》《复仇》《不幸的人》《亡命》《爱的摧残》《狮子》《哑了的三角琴》《丁香花下》《父与子》，加上稍后写的《老年》《暮园》和《亚丽安娜》等，集成第一个短篇小说集《复仇集》。这本集子里的所有作品都是写巴金在法国的生活和感受，他说："这些文章都是一种痛苦的回忆驱使着我写出来的。差不多每一篇里都有一个我的朋友，都留着我的过去生活里的一个纪念。"其中《亡命》和《亚丽安娜》两篇是他最喜爱的，写的是当时聚集在巴黎的亡命者的苦痛。亚丽安娜是巴金在巴黎结识的波兰女友，是一个政治流亡者，她曾在许多国家流浪，在巴黎被驱逐出境。这个女革命家为了理想和祖国人民的解放事业奋不顾身的品格给巴金留下了深刻的印象。巴金带着含泪的微笑送别她的时候，说："我的精神被一种崇高的感情沐浴着，我的心里充满着一种献身的渴望，但愿我能够有一千个性命用来为那受苦的人类牺牲，为那美丽的理想尽力。我的眼里贮满着这青年女革命家的风姿……"巴金写了亚丽安娜失去祖国的亡命者的遭遇和悲愤，浸透着怀念她的感情。

巴金是一个热情奔放的作家，他的爱与恨、思想与行动、理想与现实的矛盾冲突，仿佛埋藏在他精神海洋深处的火山一般，经过一段时间的运动，终于冲破了平静的海面。自从以他的第一部小说《灭亡》作为火山的爆发口后，每年的创作和翻译数量都比较多，特别是一九三一年春到一九三二年秋这一年多，成了他真正的创作爆发期。在这段时间，他写了十本小说，有八十多万字，有时他一天能疾书万字以上。在一九三一年，他说："连我自己也料想不到，我竟然把这一年的光阴差不多完全贡献在写作上面去了。每天每夜热情在我的身体内燃烧起来，好像一条鞭子抽着我的心，寂寞咬着我的头脑，眼前是许多惨痛的图画，大多数人的受苦和我自己的受苦，它们使我的手颤动着，拿了笔在白纸上写黑字。我不住地写，忘了健康，忘了疲倦地写，日也写，夜也写，好像我的生命就是在这些白纸上面……似乎许多许多人都借着我的笔来倾诉他们的痛苦了。我忘掉了自己，忘掉了周围的一切。我简直成了一架写作的机器。我时而蹲在椅子上，时而把头伏在方桌上，或者又站起来到沙发前面坐在那里激动地写字。"在这种情况下，他写完了二十多万字的长篇小说《家》（"激流三部曲"的第一部）、近九万字的《新生》（《灭亡》的续篇）和长篇小说《雾》，以及收在《光明集》里面的十多篇短篇小说。

一九三一年，日本帝国主义侵占了东三省。一九三二年，又对上海发动进攻。蒋介石反动派实行不抵抗政策，叫嚣"攘外必先安内"的口号，对革命根据地和进步文化进行了猖狂的"围剿"。这一切引起了中国阶级关系的新变化，不愿做亡国奴的人们都热血沸腾，要求抗战。于是反对帝国主义侵略的民族斗争，就同反对国民党卖国和反革命"围剿"的阶级斗争，紧密地结合起来了。巴金在一九三二年年初离开上海去南京探友，正好在一月二十八日由南京乘车返回上海。上海战情紧张，原来十九路军的勇士们向侵略者进行了顽强的反击，战争正在激烈地进行。巴金就在这隆隆的炮声中到了上海，哪知他居住的宝山路一带已被侵略者的炮弹炸成一片火海。他无家可归，只得在一个朋友开的私人医院里暂住了一夜，第二天和从日本归来的两个朋友在步高里租房住下来。战火以侵略者的胜利停了下来，闸北陷落。巴金的《新生》第一稿在商务印书馆内《小说月报》编辑部被焚。他奔到敌占区的旧屋子里去抢救劫余书。他震怒了。战争使他换了住处，但是没有改变他的生活方式，他没有停止写作。在闸北全落在侵略者手中的消息传到他耳朵里的当天晚上，他把才开始写的小说《海的梦》几页稿纸拿出来，重新构思创作的内容，把他的屈辱、愤怒的心情，把他在敌占区亲眼所见的侵略者的罪行写进了作品。

写完《海的梦》，巴金到福建厦门、泉州旅行。他与老朋友和新朋友情意投合，议论着世界大事，畅谈着人生理想，切磋着文学艺术。他生活在这些人中间，驱除了心灵的寂寞，忘记了一切的烦恼，感受到友爱的温暖。巴金在"南方古城"晋江（泉州）还搜集了写作小说的题材。当时，晋江书店的一个姓沈的朋友跟他谈起，有一个精神有点失常的少女是他小说的读者，问他是否去看看，以便了解情况。巴金与两个教书的朋友在一个雨后的晴天，踏着泥泞的田间小路去访问了这个陌生的姑娘。他们来到一个大户人家的宅院，在一间阴暗的屋子里看见了那个少女。她形容憔悴，举止木讷，嘴角露出笑纹，而双眼却噙着晶莹的泪花。她是因为父亲强逼她和一个不相爱的男人结婚，没有答应，便不让她上学，于是发疯了。这位少女的悲剧使巴金联想起自己家的一些堂表姊妹不幸的遭遇，触动了他的心，抑制不住要把这悲剧故事写出来。还有一件事也触发他要写成小说，控诉那不自由的婚姻，让大家看看传统观念的束缚、家庭的专制是怎样地摧残着年轻的灵魂。巴金在晋江黎明高中看到了一个活泼、秀丽的姓吴的女学生，留下了一个很好的印象。巴金回到上海后，听说她爱上了教英语的郭老师，可是她的父母却将她许给一个有钱的绅士，并强令她与郭老师断绝往来。这姑娘坚决不从，在婚期将近的时候逃离家庭，要求郭老师与她远走高飞，可是懦弱的郭老师委婉地拒绝了姑娘的请求，她回到家里，悲愤过度地死去，一朵刚开的鲜花被无情的风雨打落了。巴金根据见到的、听到的这两个生活中的故事，作了不违背真实的虚构，很快写成了中篇小说《春天里的秋天》，交由上海《时报》连载。他说："要为他们冲锋，向着这垂死的社会发出我的坚决的呼声——'我要控诉'！"继《春天里的秋天》之后，他又完成了直接描写工人生活的中篇小说《砂丁》的创作任务，接着又投入了紧张地重写《新生》的工作。《新生》的第一稿原稿虽被侵略者的战火所焚，但他"要重新造出那个被日本的炸弹所毁灭了的东西"，他要来试验他的精力"究竟是否被帝国主义的炸弹制伏"。果然，他只用了两个星期就写成了这部作品。《新生》表现了作家过去和现在的矛盾、痛苦，也表现了作家对未来的理想和追求，尽管它带给人们的希望仍然有些渺茫，但比巴金过去写的《灭亡》《死去的太阳》和新近写的《砂丁》在思想上要高昂了一些。敌人的炸弹炸毁了房屋，烧焦了土地，却炸不掉中国作家巴金爱人民、爱祖国的心！

　　一九三二年十月，巴金从北方回到上海后，因疲劳和疾病，不得已搁笔了两个多月没有写作，但他编成了短篇集《电椅集》，整理出版了《海行杂记》，又编成了《抹布集》。

一九三二年年底，巴金经过一段时间的休养，先到浙江台州去了一趟，一九三三年春又去了南京，从南京回上海后住到五月，再次去南京探友，在广州住了两三个月后转回上海。九月，他开始了北方的旅行。

赴北平前后的活动

　　巴金从广州返回上海，听到了一个令人发指的传说：国民党的特务暗杀了爱国人士杨杏佛，鲁迅拍案而起，把生死置之度外，毅然去了万国殡仪馆亲自为杨杏佛送葬。"横眉冷对千夫指"的鲁迅一直呼啸着上阵，与国民党反动派展开了不屈不挠的斗争，以文章做武器，揭露与抨击他们的罪恶行径，遭到了敌人的痛恨，将其列入了暗杀名单。巴金对这位中国文化革命的主将是十分敬仰的，他在寂寞苦闷的心情下，读过鲁迅的《呐喊》与《彷徨》以及《野草》，还有犀利如剑的杂文，使他了解了社会，懂得了人生，深深感到了鲁迅思想的深邃。不过，他还没有见到过鲁迅，心想什么时候能见到这位鼎鼎大名的作家呢?

　　和鲁迅见面的机会来了。

那是在一九三三年八月初，主编《文学》月刊的傅东华在创刊号出版后，邀请了发表文章的几位作者到南京路的会宾楼聚宴，巴金就是其中一位。被请的人有茅盾、叶圣陶、周建人（鲁迅的弟弟）等，《文学》的另一挂名主编郑振铎也来了。他们都为《文学》创刊给予了积极的支持，傅东华请大家来，一方面是表示感谢，一方面想听听各位对进一步办好刊物的意见。巴金与茅盾还是第一次见面，但他对这位杰出的作家是非常熟悉的，在法国时就读了被他尊称为"沈先生"的于《小说月报》上发表的《蚀》三部曲。他回国后才知道茅盾早在一九二〇年就接办并改革了《小说月报》，到一九二三年在编完十三卷十二号《小说月报》后就辞去了主编职务，投入到其他重要的活动中。他特别喜欢读茅盾翻译的被压迫民族的短篇小说，这对他的创作产生了影响。叶圣陶在《小说月报》上编发过巴金的第一部小说《灭亡》，巴金经朋友索非介绍曾与这位著名作家见过面，但来往不多。这次他与叶圣陶重新见面，心里依然充满了感激之情。巴金感到能与声名远扬的前辈作家聚会，实在幸运。更使巴金极其高兴的是，当大家正在相互招呼的时候，鲁迅进门来了。巴金在他们中间是最年轻的作家，傅东华向鲁迅作了介绍，鲁迅用和善的期望的眼光望向他，他的心热得滚烫，幸福的暖流传遍了全身。鲁迅是严肃的，也是随和的，同时又非常健谈，席间对《文学》杂志提出了指导性的建议，说到了文坛上存在的不良风气，更多的是评论了当时局势的严峻。巴金觉得鲁迅平易近人，没有了刚见到鲁迅时的拘谨。他从鲁迅明亮如炬的眼睛里感受到了这位文化伟人内在的精神力量，并从鲁迅的身上看到了跟敌人愈战愈猛、决不退却的意志，激励着他要学习鲁迅，为人民鞠躬尽瘁，与敌人顽强战斗。就在和鲁迅会见的这个月里，巴金与鲁迅、茅盾、叶圣陶、胡愈之等一百零五人联合发表了《中国著作家欢迎巴比塞代表团启事》，控诉了日本帝国主义侵占我国东北，拥护九月即将在上海召开的远东反战大会。

一九三三年九月，巴金接受朋友的邀请要到北平去。去前他先到天津去看望三哥尧林。巴金和三哥尧林在一起共同生活的时间最长，兄弟俩童年时一道读书、游戏，一道进学校，后来又一道冲出家庭到上海、南京读书。在巴金去法国期间，尧林到北平燕京大学读书。学生时代的尧林过着清苦的生活，毕业后在天津南开中学当英语教师，生活依然十分俭朴。巴金来到天津，三哥尧林正在车站上等候。他看到三哥又瘦又老，暗自难过。来到学校的宿舍，他环顾四周，僻静无声，更感受到三哥的寂寞。兄弟俩这一次的会面免不了引起对大哥的怀念。巴金谈起了大哥第一次到上海的情况，那时大哥因为身体不好，已经辞掉了商业场电灯公司的工作，收入少了，不得已卖了田去做投机生意，过着走钢丝般的提心吊胆的日子。巴金与大哥借住在霞飞路（今淮海中路）霞飞公寓的一幢高楼里，他陪着大哥逛了热闹的南京路，跟大哥叙说了相别整整六年的思念之情，还跟大哥说起了他要把成都老家的事情写进小说《春梦》中去，大哥非常高兴，表示赞成。当他说到他送别大哥离开上海的凄凉时，禁不住流泪了，三哥尧林也泣不成声。巴金说："我送大哥上了轮船，就想到不知哪年哪月能再见到这个我们最亲近的人！"三哥尧林听了热泪横流，因为大哥真的见不到了，他由于不能忍受未来的更痛苦的生活而服毒自杀了。三哥在接到大哥自杀的电报时，曾赶到上海约巴金一起回成都料理大哥的后事，巴金唯恐陷入家庭的圈子无法自拔，没有同意回去，三哥对弟弟的苦衷是理解的，也是体谅的。巴金呜咽地说他把《春梦》的名字改成《激流》在上海《时报》连载的第一天，就收到了大哥去世的电报。他为大哥没有能看到小说发表而终生遗憾。三哥尧林在大哥自杀后，心甘情愿地按月把自己的一半薪金寄到四川去赡养老家。巴金见三哥还是个单身汉，问及有否成立家庭的打算，三哥无可奈何地说："这有什么办法呢？"巴金知道三哥忍受着一切，放弃着一切，把个人的不幸埋在心底。他觉得三哥的形象是高大的，有"爱人"的心肠，三哥很懂得怎样"做人"，巴金与三哥一起生活了几天，就乘车到了北平。

这一次巴金在北平的时间较长，直到第二年，即一九三四年秋才回上海。刚到北平，他住在生病的朋友缪崇群家中，开始写散文《灵魂的呼号》。巴金说这篇散文是他的诉苦义章。几年来，他著、译了近两百万字的各类文章。虽然他在"卖文为生"，但这些文章大都没有稿费。"巴金"的名字出现在各种大大小小的报刊上，名声越来越大，谣言、误解也越来越多。有人说他贪图巨额稿费，发了大财，把他作为嫉妒的对象大肆攻击。商人则把他的名字用作广告。为此，他感到矛盾、痛苦，曾想放弃文学写作。但他没法搁笔，日也写，夜也写，牺牲了休息，牺牲了睡眠，牺牲了健康，好像一旦放下笔，他的生命就会从此完结。他说，他写小说不是为了显姓扬名，而是为了借作品来表达他的思想感情，让广大的读者听到他追求光明、打击黑暗的声音。他告诉人们："我确实爱自己的文章。因为每一篇小说里都混合了我的血和泪，每一篇小说都给我唤醒了一段痛苦的回忆，每一篇小说都给我呼出了一声追求光明的呼号。"对人家只看重他的名字而没有看到他的用心，他感到十分苦闷，向朋友们发出了"灵魂的呼号"。

巴金在北平受到新、老朋友的热情接待，他与热情的朋友们同去游览故宫，同去北海漪澜堂前划船。友情与温暖驱除了他来北平之前的苦闷，心情也振奋起来了。有一段时间，他住在当时主编《大公报·文艺副刊》的作家沈从文家里，生活得很舒服，没有干扰，在这里写成了短篇小说《雷》。他和郑振铎、靳以等筹办《文学季刊》《水星》杂志，他担任编委，做编审稿件的工作。这时，巴金从沈从文家搬到三座门大街来住了。三座门大街十四号是《文学季刊》的编辑部，是富有社会正义感的作家们活动的中心，也是巴金的住处。巴金本着发现和扶持文学新人的想法，努力发掘优秀的新作。

当时在清华大学当研究生的万家宝，有一部戏剧作品被积压了两年，巴金要过来一口气读完，认为很好，决定刊用，于一九三四年七月出版的第一卷第二期《文学季刊》上发表了。这就是曹禺的处女作也是他的成名作《雷雨》。巴金后来与曹禺逐渐成为好朋友，两位作家结下了深厚的友谊。

　　巴金在搬到三座门大街来住之前，住在燕京大学心理学讲师夏云的宿舍里，房间宽敞，环境很好，他全身心地扑在"爱情三部曲"之三《电》的写作上。巴金在一九三一年七月于上海写成了"爱情三部曲"之一《雾》；一九三二年八月从福建晋江（泉州）归来后写成了这部系列小说之二《雨》；一九三三年十二月在北平写成了《电》。《雾》已在上海《东方杂志》上连载，《雨》也已由上海良友公司出版，在读者中间的反响较大。到他写《电》时，文思如泉涌，快速如闪电一样，他笔下人物的生活与斗争、思想和感情、爱与恨、生与死等等全都在他脑海里翻腾起来，一群小资产阶级知识青年的信仰、理想、热情、挣扎、苦斗等等又全都化成了丰富的小说情节，因此写得极其顺手。作品中的人物有和他在一起生活过、斗争过并同甘共苦过的朋友们的影子。巴金说，《电》是"电光一闪，'信仰'就开花了"。他认为信仰就是希望，信仰就是力量，他把自己的思想感情和对生活的看法写进了作品。《电》原想让《文学》杂志发表，但没有被检查官通过，后把题目换成《龙眼花开的时候》、署名"欧阳镜蓉"迷住了反动当局的眼睛，才在《文学季刊》上得到发表。"巴金"这个名字这时已引起了国民政府的图书审查委员会的注意，害怕这位著名作家发表使统治者头痛的文章，就把他和鲁迅、茅盾等人一起列入了禁止发表作品的作家名单。

巴金的"爱情三部曲"取材于生活，取材于他的朋友中发生的故事，因此他对这部连续性的小说是很喜爱的。但它是没有党的领导，没有和工农民众结合的小资产阶级知识分子革命者失败的历史，那些主人公也不能作为前进青年的榜样，所写的"革命""革命团体"多半是一些无政府主义的团体和无政府主义的活动。巴金的无政府主义思想在这里还起着明显的作用。它的成功之处是较为真实地剖析了这群青年的内心世界，反映了他们的理想与追求及可贵的献身精神。但巴金还没有能够达到在作品中反映中国革命的本质特征的思想高度。

巴金在北平通过编辑工作结交了不少朋友，有李健吾、曹靖华、蹇先艾等，他还由靳以陪同第一次拜访了冰心，同时跟老舍、张天翼等取得了联系。特别是比巴金小五岁的萧乾，把巴金当作大哥哥，经常向他请教有关文学创作的问题，巴金反复地对这位年轻的作家说："写吧，只有写，你才会写。"

　　不久，巴金回到上海，准备东渡日本。

在横滨——东京受困

巴金在北平时，听曹禺谈起了到日本旅行的情况，引起了他要到日本看看的兴趣。他到日本，一是因为他爱好日本文学，二是因为他要学习日语。他要去日本的消息传开后，朋友们为他饯行，参加宴会的有《文学》杂志社的傅东华、黄源等，鲁迅也来了。鲁迅曾留学日本，向巴金介绍了日本的风俗人情，讲了中国留学生因语言不通在日本闹出的笑话，希望他把日语学好，鼓励他"到了那边，文章也得多写"。巴金连连点头，把鲁迅的话记在心里。

一九三四年十一月，巴金乘日轮"浅间丸"到达日本横滨。日本友人武田夫妇带着两个女儿，打着小旗在码头上迎接巴金。巴金到横滨后，住在本牧町的一个小山上武田的家里，为了避免警察来找麻烦，他化名"黎德瑞"，说是一家书店的职员。

　　武田是当地高等商业学校的一个副教授，教的是汉语。他为人和善，也很忠厚，巴金住在他家里可以随便打开玻璃书橱翻看所有的藏书，他也可以在这里写写文章。但是，当时日本正在法西斯的统治下，特务警察严密控制着整个社会，如果哪家来了什么人住，警察盘问得是很厉害的。巴金早就作了思想准备，以便能随时应付过去。果然，一连几天，日本警察大清早就来查问："你叫什么名字？"巴金沉着地答道："黎德瑞。"又问："你的哥哥叫什么名字？"巴金胸有成竹地回话："黎德麟。"等等。虽然警察搞的是突然袭击，但却不曾看出有什么破绽，也就不再来了。

　　巴金化名"黎德瑞"还有一个原因就是不想让人知道他是个作家。他来武田家，是由他曾经在日本留过学的朋友吴朗西介绍的，武田当然也不晓得这个"黎德瑞"就是巴金。他隐姓埋名，每天学学日语、读读书，此外就是写作。他在武田家里写的第一篇小说是《神》，它的主人公长谷川就是武田副教授。作品中写了他所观察到的武田家的生活，写了武田那所修建在横滨本牧町小山坡上的"精致的小木屋"。巴金为了不让武田看出长谷川写的就是自己，就把长谷川写成了"一个公司职员，办的是笔墨上的事"。巴金为什么会想到写《神》呢？原来是武田的信佛念经触发他写出了这篇作品。巴金每天晚上都在环境优美的小山坡上透过窗户举目远望，清澈如水的月光下，涌着像银练般的海水，这时的夜景幽丽可人，心境本应是恬静舒适的，可是听到客厅里武田诵念佛经的声音，实在是叫人扫兴，甚至厌烦了。巴金对武田的迷信很反感，就用这个老实人的言行作为小说的题材了。巴金在小说里说："在一个多星期里看透了一个人生的悲剧。"他的朋友吴朗西认识武田的时候，武田是个无神论者，怎么现在相信了宗教呢？巴金在武田家里，两个人一起生活，一起吃饭，即使有客人来，他也不用避开，平时经常谈心，如此就了解了像武田这样的日本知识分子的思想情况。一次，巴金向武田借报纸看，武田只得实说："我家原订了《朝日新闻》，现在停订了……我在学校也不看报。有什么好看呢？还是不知道时事好！知道了有什么意思呢？报上总是报道战争、屠杀、灾祸、痛苦……总是那么一些事情，还是不看比看好，免得心头不安，心中烦恼。"武田信神，分明是用宗教压住自己的"凡心"。"凡心"就是对日本现存社会秩序的不满，于是拼命念经、供神，以绝望的努力和垂死的挣扎进行斗争。这是消极的办法，是逃避现实的做法，结果只能是"跳进深渊"。巴金接着写了《鬼》作为《神》的补充，写的是同一个人的同一件事。他发现武田信神与信鬼是连在一起的。在同武田到海边时，他看见武田虔诚地把供物抛到海里去，向路边的石碑合掌行礼。巴金从武田的谈话里得知这个善良的老实人相信人死了之后有灵魂，他说："没有鬼还成什么世界？要是没有鬼，我们从什么地方去寻公道？世间一切因果报应，一切苦乐善恶，都能在鬼的世界找到根源，找到结果的！否则，谁给我们主持正义？谁能止恶扬善？"巴金明白了武田对社会上存在的不公道的现象是不满的，但却把改变世界的希望寄托在鬼神上，这是多么愚蠢啊！有一次，巴金已经睡了，武田敲门进来，说房间里有鬼，要念念经把鬼赶走。巴金差一点笑出声来，但终于忍住，依着武田的话埋下头，听着叽里咕噜的念经声，任武田在自己的头上比画着。一会儿，武田说："好了，不要紧了。"一本正经地走了出去。巴金本来可以在武田家里多住些时日，但实在受不了武田神啊鬼啊的摆弄，就托一个在早稻田大学念书的广东朋友在东京中华青年会楼上的宿舍给他预订了房间，决心离开武田家搬到东京去。

巴金写《神》《鬼》是为了让人们看清日本知识分子在法西斯统治下被扭曲了的灵魂，以唤起人们的觉醒，不要沉迷在鬼神中寻找荫庇而得到什么安慰。他住在武田家三个月的时间里，还写了童话《长生塔》，这是受爱罗先珂的童话《为跌下而造的塔》的启示而作的。爱罗先珂的童话写了两个互相仇视的阔少爷和阔小姐，彼此为了夸耀富裕，各自花钱建筑了两座宝塔，为了压倒对方，为了谋取个人的幸福，而结果两个人同时从宝塔上跌下摔死了。巴金的《长生塔》是写一个皇帝梦想长生不老，征用民工建造宝塔，可是塔刚刚建成，皇帝在登上最高的一级时，整座塔就崩塌下来，尸体埋在石头下面。巴金用皇帝影射蒋介石，告诉人们："沙上建筑的楼台从来是立不稳的。"他预言了蒋介石用专制和压迫维持的统治是不会长久的。

巴金到了东京，住在中华青年会的宿舍里，附近有很多西文旧书店，他每天要去三次，把哪一家书店有什么书记得很熟，而且买了不少旧书，在晚上很有兴致地读着，这样他学日语的兴趣也不那么浓厚了。在这里，他经常看到日本刑事（便衣警察）出入，引起了心里的不安。那时，正碰上伪满洲国"皇帝"溥仪即将来日本东京访问，日本帝国主义害怕中国爱国者为日本伪满勾结举行抗议，就严加防范，密切注视着中国人尤其是刚来东京的中国留学生的行动。就在溥仪到来的前两天，大清早有个四川籍的女学生来找巴金，悄悄告诉他有两个福建籍的朋友半夜里给日本警察带走了，并在他们租住的一幢房子里搜查了一通，要他注意提防。巴金连忙撕毁了福建籍朋友给他的来信，把新买的西文旧书稍微整理了一下，忙碌了一阵后，他躺在床上想着怎样编造自己的经历和社会关系来搪塞日本警察的查问。到了晚上，敲门声把他从梦中惊醒，进来五个警察，开始了搜查：把信抽出来看了，把壁橱里的书翻了个遍。搞了一个多小时，他们叫巴金锁上门跟他们一起到警察署去。

在警察署里，巴金在"审讯"中没有让"问官"们抓到辫子，最后他们向他表示歉意，他满以为自己可以回去了，没料到他们却把他带到拘留所去，从凌晨两点到下午四点，整整关了十四个小时。

巴金被无缘无故地关进牢房，怒火从心底燃烧，但却无可奈何，到他被放出来时，他觉得像是做了一场噩梦!

　　巴金旅日期间，深深感到在日本的中国留学生是没有人权保障的，在东京再也住不下去。他想：要是那些人再闯进我的房间，把我带走，有人知道了也不敢作声，怎么办？他写信给横滨的武田，诉说了他在警察署被侮辱、被损害的经过。武田回信说："你要是不去东京，就不会有这种事。我们全家欢迎你回到我们家里。"武田的确把事情看得像信神信鬼那样简单。他感谢这个老实人的邀请，但最后却没有到横滨去。

　　巴金根据那天晚上自己狱中受难的经历撰写了《东京狱中一日记》，寄给上海《文学》杂志编辑部。编辑部收到稿后，原决定在该刊特大号上发表，但国民党党部的检查老爷却以"有碍邦交"为由而将它抽掉了。巴金很不甘心，将文章稍作修改，添上一点伪装，改名《一日记》，准备在北平《水星》月刊上发表，谁知书店因经费困难，刊物没能印出。他看文章无处发表，改写了一下，在他于狱中认识的一个偷书的囚人身上加了几笔，最后写上了一句话："我是一个人！"把回忆作为小说，编在《神·鬼·人》这个集子里面了。在《人》里，他把尊敬给了监狱里那个喊出"我是一个人"的囚犯，巴金殷切地希望日本友人站起来，不要去求助于神，要"显出比神更伟大的力量来"。

巴金在旅日期间，看到日本的报刊上天天在骂中国，大肆吹嘘"大和民族"的伟大，诬蔑其他民族的渺小，煽动民族间的仇恨，巴金感到民族自尊心受到了伤害，忍无可忍，写了一题为《日本的报纸》的短文，回敬了一下这些攻击。但文章寄到国内，却无处发表。上海《新生》周刊登了一篇题目叫《闲话皇帝》的文章，内容谈到日本皇帝，日本政府以"侮辱天皇"向国民党政府"严重抗议"，刊物被国民党政府下令封闭，主编杜重远还被判了一年零两个月的徒刑。在这种文网森严的情况下，巴金的文章又怎能发表呢？他对只容得日本谩骂中国，却容不得中国人回击的投降媚外的国民党政府非常气愤！在国内，蒋介石推行卖国政策，竭力压制人民的爱国热情，巴金为深重的民族危机焦虑。他带着心中的创伤和强烈的反帝爱国意识，于一九三五年八月由日本回国，担任了上海文化生活社的总编辑，决心把自己对文化事业的理想与跟国民党反动派的斗争结合起来，让自己在"最黑暗的年代"里，显示出生命的意义！

捐着鲁迅的旗帜前进

巴金无所眷恋地离开了客居近十个月的日本，回到上海，受到吴朗西等朋友的欢迎。他担任了上海文化生活社的总编辑，想着依靠前辈作家鲁迅和茅盾他们办好事业。巴金担任总编辑后，文化生活社改成了文化生活出版社，他编辑出版了"文学丛刊""文化生活丛书""译文丛书"。他把大量的时间和精力用在了编辑、校对和出版工作上，向国内读者介绍了许多中外名著，也支持了许多进步作家的创作，为发展进步文学事业作出了不可磨灭的贡献。

"文学丛刊"第一辑共有十六本书，诸如鲁迅的《故事新编》、茅盾的长篇小说《路》、张天翼的短篇集《团圆》、艾芜的短篇集《南行记》、曹禺的剧本《雷雨》、卞之琳的诗集《鱼目集》、郑振铎的论文集

《短剑集》等。巴金把在东京时写的《东京狱中一日记》作了修改，改为短篇小说《人》，和《神》《鬼》汇集为《神·鬼·人》，也放在"文学丛刊"的第一辑中。这第一辑的准备工作早于一年前就做好了，编就后，因经费困难，没有能够出版。巴金从日本回到上海接受文化生活出版社的工作，一个偶然的机会使他实现了这个宏伟的计划。当时，文化生活出版社的伍禅购买航空奖券中了奖，把二千元拿出来作为出版资金。巴金在原编成十本的基础上，又加编了六本，终于在一九三五年旧历年底前陆续出齐了。这套丛书得到广大读者的好评，销路大畅，不到半年就重版多次。

　　繁忙的编辑工作占去了巴金大量的时间和精力。他夜以继日地既要承担编稿、发稿等各种事务，还要负责校对、装帧设计，加上接待作者与读者等这一摊子的杂务，忙得他无片刻之暇，但他乐此不疲，非常勤奋。

　　成了全国著名作家的巴金，单是每天要处理读者来信就够他麻烦的。有的人在读了巴金的著作后，向他提出了各种各样的现实生活中的问题，他要一一复信回答；有的人向他倾吐自己内心的苦闷，他要回信去开导，谈出自己的想法与看法；等等。很多人是把巴金当作知心的朋友和尊敬的老师的。另外，他还主动写信向读者征求对自己作品的意见。的确，他把心交给了读者。有的人因受到他热情的鼓励而成长为作家；有的人因得到他的开导而解除了烦恼，以积极的姿态面对人生；有的人因读了他的书受到影响，走上了革命的道路；还有的人因得到他的无私救援而跳出了火坑。巴金心里有千万个读者，读者心里有把热量散发给别人的巴金！

巴金热情地对待读者的精神和热心文学事业的思想作风，是受了鲁迅的伟大人格的影响。他从自己的经历中感受到了鲁迅待人的诚恳和工作的认真负责。巴金的老朋友黄源是帮助傅东华编辑《文学》杂志的，同时又在创办《译文》月刊。他想编一套"译文丛书"，交由文化生活出版社来出版。巴金知道鲁迅十分支持黄源的工作，也就爽快地答应了。黄源代表《译文》邀请巴金与吴朗西参加了"译文丛书"编委会在南京饭店举行的宴会，让大家谈谈对这项出版计划的意见，在场的有茅盾、黎烈文、胡风等人，鲁迅也到场了。鲁迅听说巴金回来负责文化生活出版社的总编辑工作，很是高兴，对文化生活出版社愿意接受出版"译文丛书"更表示支持。鲁迅译的果戈理小说《死魂灵》第一部已由文化生活出版社发排，大家都对果戈理的这部杰作赞赏不绝，又对鲁迅的译笔佩服不已，因此谈兴很浓。鲁迅告诉巴金打算把 A.阿庚的《死魂灵百图》翻印出来，以帮助读者对这部小说的理解。巴金看到鲁迅身体健康情况不是很好，人也消瘦了许多。他知道鲁迅刚刚根据高桥晚成日译本转译完了高尔基的《俄罗斯的童话》，又在《文学》月刊上连续发表了六篇文章，很是劳累，但鲁迅依然目光如炬，谈笑风生，妙语如珠。这时，巴金把文化生活出版社准备出"文学丛刊"的计划告诉了鲁迅，第一辑出十六本，手头上只有十本，还要约请六个人各编一本集子，于是请鲁迅编一本，鲁迅很快就答应了，这就是《故事新编》。巴金从心底感激鲁迅对他工作的支持，黎烈文也说："今天的聚会，不但解决了'译文丛书'的出版问题，还为'文学丛刊'落实了计划。"大家都很满意。

鲁迅一丝不苟的工作态度是动人的。为了让《译文》月刊创刊号顺利出版，鲁迅用了三个化名，译了三篇文章：果戈理的《鼻子》、立野信之的《果戈理私观》、格罗斯的《艺术都会的巴黎》，还让黎烈文译了两篇，茅盾译了三篇，同时把排列好的创刊号篇目、每篇译稿所用字体的说明、需要配制的插图及版面设计都亲自交给了黄源，实际上是鲁迅做了具体的编辑工作，这是他为培养黄源主持《译文》的工作，才如此操劳的。《译文》创刊号出版后，读者争着购买，很受欢迎，竟连续加印了五次。到第三期出版后，鲁迅笑着对黄源说道："下期起，我不编了，你编吧，你已经毕业了。"巴金自觉地以鲁迅做榜样，认真地做好出版工作，培养文学新人。在"文学丛刊"第一辑出版后，他又编印出版了第二辑的十六本书。他一天到晚挤电车、跑楼梯，在狭窄的屋子里办公，于喧闹的街道上奔走，忙着组稿、审稿、发稿、校对，有时还为读者买书、寄书，可以说是忙得不亦乐乎，但心里却是踏实的。

巴金从日本回上海的这一时期，正是国民党反动派加强法西斯统治，对以鲁迅为首的进步文艺工作者疯狂地实行反革命的文化"围剿"的黑暗年代。他们公开地或秘密地逮捕、监禁、屠杀革命作家，他们以国民党中央党部的名义查禁进步书籍，那时左联所办的《萌芽月刊》《拓荒者》《北斗》《文学月报》已遭到禁止。巴金的中篇小说《萌芽》早就被国民党禁止发行，其他的如

"爱情三部曲"之三《电》也曾被国民党检查官从《文学》杂志上抽了下来。巴金自称是"沉默"过一年，但他没有真正的沉默，他写了《马拉之死》《丹东的悲哀》《罗伯斯庇尔的秘密》，后又写了短篇小说《知识阶级》《春雨》，连同早先的《煤坑》《雷》，编成了短篇小说集《沉默集》。他还写了短篇小说《沉落》《化雪的日子》和中篇小说《利娜》，把它们集成了《沉落集》。一本《沉默集》和一本《沉落集》就是巴金在"最黑暗的年代"献给中国人民的精神财富。这两本集子中的所有作品都在激发读者的爱国热情，振奋起民族精神，呼告人们来拯救在"沉落"中挣扎的民族。他说："我的心里已经装满了许多许多的事情，似乎没有空隙容纳个人的哀愁。"这"许多许多的事情"是指民族的危机和人民的苦难。他不再像过去那样拨动哀愁的心弦，对他曾狂热地宣传过的无政府主义的"信仰"也重新作了反省，觉得不能再"拿了幻想来欺骗自己"。他在严酷的现实斗争面前看到了日益加剧的民族危机，挣脱了无政府主义的精神枷锁，向新的里程碑迈开了大步，踏上了时代的脚印，准备经受着时代风雨的洗刷。

巴金没有参加左联，但他在以鲁迅为旗帜的上海革命文艺运动中，和左翼作家一样，冲破白色恐怖，向反动派的文化"围剿"进行了曲折的、针锋相对的斗争。国民党反动派的专制压迫虽然也落在他的头上，但他毫不畏惧。这时，他的信念就是：捎着鲁迅的旗帜前进！这段时间，巴金的思想、情绪已和几年前大不一样了。他在《我离了北平》这篇散文中就说："朋友，当整个民族的命运陷在泥淖里的时候，当人类的一部分快要沦于奴隶的境地的时候，个人的悲欢还值得絮絮地提说么？"他已不再悲叹个人的不幸，他要力图用热情去点燃人们为民族解放、人类自由而战斗的火焰。

一九三六年是巴金最忙碌的一年。他于一九三五年十一月去北平、天津探友住了三个星期，十二月初回到上海，不久就躺到医院的病床上。这时"一二·九"爱国学生运动在北平爆发。这是响应中国共产党《抗日救国宣言》并在党的领导下的一次反日救亡运动，它促进了全国人民团结抗日运动的形成。巴金听到这个消息，兴奋得忘记了刚刚动了手术后的剧痛，让自己想象的翅膀飞腾起来，如同看到了北平的爱国学生高呼口号、昂首挺胸地在大街上游行的场面，甚至做梦也在跟学生们一道游行，醒来之后还羡慕那个"梦中的我"。进入一九三六年，他用半个月的时间编辑了《巴金短篇小说集》（第二集），然后写了短篇《雨》《发的故事》和《星》。四月份开始写"激流三部曲"之二《春》。到了六月，他和靳以主编的《文季月刊》在上海出版。《文季月刊》是在《文学季刊》停刊后创办的，实际上是北平《文学季刊》的继续，发稿量更大了，然而这个刊物只出了六期就被国民党当局查封了。此后他写了短篇《窗下》、童话故事《隐身珠》《能言树》，还编辑了一本回忆录《忆》，又将他写给青年们的书信集成一本《短简》。巴金没有因为编辑工作的忙碌而放弃了自己的创作。白天他要四处奔波，只有在晚上埋头写作。他是一个快产、多产、高产的作家，鲁迅说他是"一个有热情、有进步思想的作家"，而且还认为"他是在屈指可数的好作家之列的作家"。

面对着日本帝国主义侵略的魔爪不断伸长和国民党对外投降媚日、对内疯狂镇压的严峻局势，鲁迅衷心拥护中国共产党向全国人民提出的抗日统一战线的政策，提出了"赞成一切文学家，任何派别的文学家在抗日的口号之下统一起来的主张"。可是在左翼作家联盟内部却存在着严重的关门主义思想倾向与宗派主义情绪，把巴金、叶圣陶、郑振铎、王统照等这些正直的作家拒之门外。当时文艺界发生了"国防文学"与"民族革命战争的大众文学"这两个口号问题的论争。鲁迅认为两个口号可以并存，以"民族革命战争的大众文学"为总口号，"国防文学"可以作为应变口号，这样有利于加强文艺界的团结。巴金为了表明自己对抗日统一战线的态度和争取民族解放的决心，和黎烈文一起起草了经鲁迅最后修改定稿的《中国文艺工作者宣言》，宣称当民族危机到了最后关头的时候，决不后退，也决不犹豫，沉着而勇敢地担负起艰巨的战斗任务，并表示愿意和站在同一战线的所有人士团结起来，共同争取民族解放斗争的胜利。在这宣言上签字的有鲁迅、茅盾、巴金、曹靖华、曹禺、靳以、黎烈文、王鲁彦、胡风、张天翼等四十二人。巴金是坚决站在鲁迅一边的，毫不动摇。本来，这次两个口号论争的目的是求得文艺界的统一认识，克服文坛上的关门主义与宗派主义，但当时作为左联行政书记、《文学界》编者的徐懋庸写信给鲁迅，坚持宗派主义和关门主义，说："……况集合在先生的左右的'战友'，既然包括巴金和黄源之流，难道先生以为凡参加'文艺家协会'的人竟个个不如巴金和黄源么？我从报章杂志上知道法西两国'安那其'之反动，破坏联合战线无异于托派，中国的'安那其'的行为，则更卑劣。"鲁迅看到徐懋庸对巴金、黄源等人进行如此的攻击与诬蔑，非常气愤，在病中写了《答徐懋庸并关于抗日统一战线问题》的长信，严厉地进行了斥责。鲁迅写道，巴金"固然有'安那其主义者'之称，但他并没有反对我们的运动，还曾经列名于文艺工作者联名的战斗的宣言"。鲁迅质问："难道连西班牙的'安那其'的破坏革命，也要巴金负责？"这种分清是非、义正词严的声辩，不仅有着以正视听的意义，而且将这场论争引向了深入。在两个口号争论高潮时，中国文艺家协会发表宣言，参加签名的有一百一十一人。这个号称全国文艺家的统一组织里却没有鲁迅，所以鲁迅自己也说："实际上他们把我也关在门外了。"他们对鲁迅尚且如此，又何谈巴金呢？巴金也写了一篇《答徐懋庸并谈西班牙的联合战线》的文章，他说："我是很赞成联合战线的，不过'文艺家协会'有着徐懋庸那样的人做理事，纵然加我以任何可怕的罪名，我也不会加入，因为破坏统一战线的并不是我，倒是他了。"对于这场论争，巴金在《答一个北方青年朋友》中说，"这绝不是无谓的笔战"，"这论争对于新文学的发展是有帮助的，有许多问题是要经过几次的论争后，才逐渐地明朗化而终于会得到解决的"。

鲁迅答徐懋庸的文章发表后，没有人再写文章反对鲁迅，争论逐渐平息了下来。一九三六年十月初，以鲁迅为首的进步文艺界人士，由鲁迅、郭沫若、茅盾、巴金等二十一人联名发表了《文艺界同人为团结御侮与言论自由宣言》，提出了为了一个抗日救国的总目标，文艺界要团结对敌，并强烈要求反动当局开放人民的言论自由。《宣言》标志着文艺界在党的抗日民族统一战线的旗帜下初步团结起来了。

正当上海革命文艺运动轰轰烈烈地开展起来的时候，一个不幸的消息传遍了全中国、全世界：鲁迅逝世了！时间是一九三六年十月十九日凌晨五时二十五分。巴金听到噩耗，万分悲痛，他无法相信鲁迅离开了大家。他曾以鲁迅做人的态度来衡量自己的行为，鞭策自己成为一个高尚的人、正直的人，像鲁迅这样一个他所敬仰的导师突然在人间消失，使他顿时感到天昏地暗，不禁热泪滚滚！他与靳以、曹禺一起赶到了鲁迅寓所，安慰了沉浸在悲哀中的鲁迅夫人许广平。见到鲁迅留下的遗孤海婴还是一个只有九岁的孩子，不免伤感起来。巴金瞻仰了鲁迅的遗容，想起了鲁迅与他会见时的一幕幕情景，又一次控制不住自己的眼泪。他站在鲁迅遗体旁，默默地从心里发出了自己的声音：鲁迅逝世了，但鲁迅的旗帜不会倒，我们要发扬鲁迅的精神，继承鲁迅的遗志，奔向前程！

鲁迅的灵柩停在万国殡仪馆，每天都有成千上万的人群前来吊唁，其中还有外国的各界人士痛悼鲁迅的逝世。巴金与张天翼、黄源、黎烈文、靳以等一些青年作家参加了鲁迅治丧处的工作，他还连续几天守候灵前，与来向鲁迅遗体告别的广大人民一道哀哭。一九三六年十月二十二日，巴金参与了长达十几里的送殡队伍，并和张天翼、胡风、靳以、黄源、黎烈文、萧军、姚克等几位作家一起扛棺，亲自把鲁迅的灵柩葬入虹桥万国公墓的墓穴里。

安葬了鲁迅以后，巴金在为《文季月刊》写的卷头语《悼鲁迅先生》中说：

……这个老人的逝世使我们失去了一位伟大的导师，青年失去了一个爱护他们的知己朋友，中国失去了一个代他们说话的人，中华民族解放运动失去了一个英勇的战士……尤其是在困难加深、民族解放运动激烈的时候，失去了这样一个伟大的导师，我们的哀痛不是没有原因的。

巴金在这里说的每一句话都是他真实感情的自然流露，鲁迅在他的心目中是一颗永不陨落的巨星，在黑夜里他也见到鲁迅的光芒，继续揣着鲁迅的旗帜前进！

扑向抗日救亡的大潮

"起来，不愿做奴隶的人们，把我们的血肉筑成我们新的长城，中华民族到了最危险的时候……"

这是响彻祖国城乡、传遍大江南北的战斗的歌声！一九三七年七月七日，卢沟桥事变爆发了，面对蓄谋已久的日本帝国主义者的猖狂进攻，中国共产党中央委员会号召"全中国人民、政府和军队团结起来，筑成民族统一战线的坚固长城，抵抗日寇的侵略"。谁愿意被侵侮？谁愿意当亡国奴？当时的四万万同胞冒着敌人的炮火，投入了保卫民族生存的神圣战争。接着日军进攻上海，淞沪战争爆发，上海军民奋起抵抗，历时八十余天，显示了中国人民铮铮如铁的民族精神和志不可摧的英雄气概。

在这些日子里，巴金和上海人民一道，在抗日烽火中经受了严峻的考验，投入抗日救亡的洪流里，用笔作时代的记录，写出人民的心声，控诉侵略者的血腥罪行，鼓动抗日军民血战到底，夺取抗战的胜利！

郭沫若在一九三七年八月二十四日从日本"别妇抛雏"回到上海，主持《救亡日报》的出版工作，巴金是该报的编委。当时上海很有影响的进步刊物《文学》《译文》《中流》《文丛》出于战时的迫切需要，合并联办《呐喊》旬刊，由茅盾任主编，巴金是编委之一。这段时间，巴金听着敌机的轰炸声，看着大炮的袭击，怀着一腔爱国热情，写了不少富有战斗性的诗文，有诗《给死者》，有散文《一点感想》《自由快乐地笑了》《感激的泪》，有短篇小说《莫娜·丽莎》，有书信《给山川均先生》《给日本友人》等等，还把他在一九三一至一九三七年写成的有关抗战的散文集成《控诉》。在这些诗文中，巴金歌唱了人们从黑暗中发出的反抗的呼声，敲响了催人前进的战鼓，听："宁愿在战场做无头的厉鬼，不要做一个屈辱的奴隶而偷生。"在这些诗文中，巴金表示了战斗的决心："别人贡献的是血，我们要用墨水来发泄我们的愤怒。"在这些诗文中，巴金真实地记载了日本侵略者所犯下的滔天罪行，回击了咒骂中国人民对日抗战的言论："对于这样冷静的谋杀，你有什么话说呢？……自然，你没有看见一个断臂的人把自己的一只鲜血淋漓的胳臂挟着走路；你没有看见一个炸毁了脸孔的人拊着心疯狂地在街上奔跑；你没有看见一个无知的孩子守着他的父母的尸体哭号；你没有看见许多只人手凌乱地横在完好的路上；你没有看见烧焦了的母亲的手腕还紧紧地抱着她的爱儿……"在这些诗文中，巴金正告侵略者："我们绝非甘心任人宰割的民族。当我们的自由与生存受到威胁时，我们是知道怎样起来防卫的……"

巴金花了很大的精力编发了"呐喊文丛"和"呐喊小丛书"。《呐喊》旬刊后改名为《烽火》，又以烽火社的名义编发了"烽火文丛"和"烽火小丛书"，大力宣传抗日救亡，为全面抗战擂鼓助威。他不顾敌机在天空盘旋，随时都会有生命危险，也不怕枪声不断所造成的紧张气氛，来往于编辑部与印刷厂，让每期的刊物能及时出版，送到读者手里。这时，上海失陷，成了"孤岛"，《救亡日报》迁往武汉，文艺界的一些爱国人士纷纷离开上海，朋友们也劝巴金离开上海，但他却坚守阵地，把《烽火》办好。巴金望着沦陷的景象，满腔悲愤，满腔仇恨。敌占区成了一片火海，他的心痛得流血：

> 房屋成了灰烬……燃烧着的土地是我居住的地方；受难的人们是我的同胞，我的弟兄；被摧毁的是我的希望，我的理想。这一个民族的理想正受着熬煎。我望着漫天的红光，我觉得有一把刀割着我的心，我想起一位西方哲人的名言："这样的几分钟会激起十年的憎恨，一生的复仇"。我咬紧牙齿在心里发誓：我们有一天一定要昂着头回到这个地方来。（巴金《火》）

巴金看到他住过的闸北宝山路房屋继一九三二年"一·二八"战争以后，现在又再一次在火海中被焚毁了，其他地方的房子也在火海的包围之中，立即想到要把这惨绝人寰的图景在《烽火》中反映出来，让人们记住这血海深仇！

《烽火》后来被禁止发行，巴金不得不考虑迁往广州出版。一九三八年三月他和靳以一道，带着痛苦的心情离开了"孤岛"上海，乘船经香港到了广州，让《烽火》复刊了，同时又协助靳以复刊了大型文学期刊《文丛》，均由文化生活出版社出版。巴金在广州七个月，一直处于高度的紧张状态之中。他是在敌人的轰炸声中做抗日救亡的宣传工作的，不停地写作，不停地编稿，不停地跑印刷所，不停地把刊物打包扎好送到邮局寄出……忙得他连到汉口参加"中华全国文艺界抗敌协会"成立大会也抽不出时间，但他还是被选为该会的理事，说明了大家对他的信任。

　　这一年的五月，巴金在广州开始了"抗战三部曲"的《火》的创作。卢沟桥事变发生后，巴金的憎恨集中在侵略祖国的日本帝国主义身上。他在上海望见闸北一带的大火，看到租界铁门外挨饿的南市难民，他写了几篇短文记下了自己的见闻和感受，在写《火》时以这些内容做了部分章节的题材。《火》的第一部描写了上海战争爆发以后到上海成为孤岛这段时期的侵略与反侵略的实际情况。巴金坚信熊熊燃烧起来的抗日烽火一定会把日本帝国主义侵略者烧死。他暗暗地吟诵着诗人海涅在《夜思》中的诗句，"祖国永不会灭亡"，贯串在整个《火》中的就是这个思想。巴金的一颗爱祖国、爱人民的心还是像年轻时那样强烈。可以说，他所有的作品都有从这颗心滴出来的血，这颗心就是打开他的全部作品的钥匙。巴金只写了《火》的第一部的前三章就暂时搁了下来，因上海急电需要他去修改"爱情三部曲"，便于七月初回到上海。在上海待了两个星期，月底又赶到广州。八月，巴金又从广州去了一次武汉。那时，武汉三镇正是全中国、全世界瞩目的地方，日军一天天向武汉进逼，武汉人民正准备着一场"保卫大武汉"的血战。他看到了蛇山上的战壕和马路上密密的铁丝网，还有江堤上筑起的防御工事，听到呼啸长鸣的空袭警报声、敌机的狂轰滥炸声，到处弥漫着战时的紧张气氛，但他觉得武汉人民却很镇定，没有什么恐慌的情态，他们成群结队地高唱着"保卫大武汉"的歌曲，大有同仇敌忾、与城市共存亡的民族气概！巴金在武汉的朋友很多，经常三五个地聚集在一起纵论国事，一点也不感觉到寂寞。在这里，他度过了半个月令他兴奋的日子，开始写《旅途通讯》，用书信的形式，记载了他亲眼所见的武汉人民在当时是怎样生活与战斗的，以鼓起人们的抗战热情。九月，他从武汉回到广州，广州局势危急，"保卫大广州"的口号同样响彻云霄，巴金看到广州人民与武汉人民一样有着坚强的抗战意志，他多么希望勇敢的中国人民万众一心，把侵略者埋进火坑啊！他这时继续写作《火》的第四章和《旅途通讯》，文章中鸣响着"中华民族决不会屈服"的时代强音。广州，终因国民党的逃跑政策而陷落了，巴金逃难到了广西桂林。此时，桂林已成为全国有名的"文化城"。巴金主持的文化生活出版社也在桂林开展起工作。差不多与广州同时，日寇也占领了武汉。许多文化人因武汉、广州的沦陷都迁到这里来开展抗日活动。巴金对广州的丢失痛心疾首，望着敌机在祖国的上空横行，发出了撕心裂胆的喊叫：

> 什么时候才是我们的复仇的日子呢？什么时候应该我们站出来对那些人说"下来，你们都下来！停止这卑怯的谋杀行为，像一个人那样和我们面对面地肉搏"呢？什么时候轮到我们升到天空去将那些刽子手全打下来呢？（巴金《桂林的微雨》）

一九三九年二月，巴金从桂林经金华、温州又去了上海，一直住到一九四〇年七月，差不多将近一年半的时间，在"孤岛"利用文化生活出版社的阵地出版了一批进步作品，使在困苦的环境里精神苦闷的人们得到慰藉和鼓舞。一九三九年四月，他在替艾芜编辑短篇小说集《逃荒》的后记中写道：

> 在这时候我们需要读自己人写的东西，不仅因为那是用我们自己的语言写成的，而且因为那里闪耀着我们的灵魂，贯穿着我们的爱憎。不管是一鳞一爪，不管是新与旧，读着这样的文章会使我们永远做一个中国人——一个正直的中国人。

在抗日救亡的大潮中，巴金的"正直"表现在不奴颜媚骨、有中国人的骨气上，表现在对胜利有坚定的信念，把一颗鲜红的心献给祖国！

离开"孤岛"后

一九四〇年五月，巴金完成了"激流三部曲"的第三部《秋》，这是他抗战中期最重要的一部著作。作者在剖析封建大家庭的丑恶与腐朽上比这部连续性小说之一《家》与之二《春》还要深刻，在对人物内在感情的揭示及艺术结构的安排上也显得更加细致与精到。写完了《秋》，巴金原想继续将《火》写下去，可是战局急转直下，当时法国军队已经战败，上海法租界里，日军可以随时闯入。敌人的大搜查阻止了巴金对《火》的创作，他不得不带上未完的书稿，经越南河内，换乘滇越火车，逃难到云南昆明。一九四〇年七月，巴金到了昆明，住下来的头两个月，日军的轰炸机还没有到昆明骚扰，在这种难得的清静环境中，巴金很快就完成了《火》的第一部创作。

昆明的寂静是暂时的，不久日本侵略军的飞机在昆明的上空盘旋，凄厉的警报声惊得人们提心吊胆，如此过了一个多月，巴金于一九四〇年十一月乘机到了大后方重庆。新的一年开始了，一九四一年一月，他从重庆回到了一别十八年的故乡成都。他在成都住了整整五十天，和亲友一道度过了一个难忘的春节。这次踏上生他养他、给了他童年的欢乐也给了他觉醒后的痛苦的故土，他感慨万千，一幕幕回忆的情景触动了他的心弦，他想起了父母，想起了大哥，想起了二姐、三姐，一个个形象在他眼前浮闪，他非常怀念这些先后离世的亲人。巴金探望了正通顺街的老屋，他站在大门前徘徊，没有进去，因为昔日的李公馆几易其主，已为别的姓氏的人家住着。

　　这次回来，巴金的感触很深，他感觉到："似乎一切全变了，又似乎都没有变；死了许多人，毁了许多家；许多可爱的生命埋进黄土，又有许多新的人接着来演那不必要的悲剧。"

　　一九四一年二月下旬，巴金从成都回到重庆。不久，由作家老舍等主持召开了全国文艺界抗敌协会欢迎来重庆的作家的茶话会。在会上，巴金见到了茅盾、冰心、郭沫若、田汉、艾青、靳以等七十多位新老作家，他为这一次的作家团聚感到高兴，而特别使他兴奋的是他第一次与周恩来见面了。周恩来微笑着，亲切地与巴金握手，巴金说："他那紧紧的握手和亲切的笑容给我驱散了雾重庆的寒气。"

巴金在重庆开始了《火》的第二部的创作，他要赶在重庆的雾季时一口气写完它，因为雾季一过，敌机就要来骚扰了，他已经尝够了在"身经百炸"中写作的滋味。

一九四一年九月，巴金到了桂林，一直住到第二年的二月份。这段时间，他写了散文《长夜》《寻梦》《怀念》《火》《灯》和短篇小说《还魂草》等。

一九四二年三月中旬，巴金从桂林出发，经贵阳到重庆，住了一个多月，五月初到成都，七月返重庆，十月回桂林，历时七个月。巴金的辗转旅行是为了不停地写作。生命的毁灭、房屋的焚烧、人民的受苦，他看得太多了，他没有被吓倒，他笑着跟一位在开明书店工作的朋友卢先生说："我们都是身经百炸的人。"他在抗战期间写的所有作品不就是"战火风云"的画廊吗？他利用旅行接触生活，也在旅行中进行创作。这一次的旅途往返，他写了几篇旅途杂记，还有几篇反映大后方普通市民日常生活的小说。回到桂林后，他编了一本小说集《小人小事》。

巴金痛心于大片国土落入侵略者的魔爪，耳闻到香港的失陷，战争的乌云笼罩在他的心上，但他不相信侵略者最后能逃脱失败的命运。国民党反动政府消极抗日、积极反共反人民的面目一天天暴露出来，而后方的少数达官贵人却过着荒淫无耻的生活，豪商巨富又乘机大发国难财，物价飞涨，民不聊生。巴金将心中的怒火喷发在他的稿纸上。他说他的血管流的是中国人的血，他是"站在中国人的立场上看事情、发议论"的。因此，他对背弃"中国人的立场"的民族败类是深恶痛绝的。

一九四二年十月巴金回到桂林，这一次住了有一年半之久。他把主要精力用在编辑和翻译工作上，翻译了德国作家斯托姆的《迟开的蔷薇》和俄国作家屠格涅夫的《父与子》《处女地》，同时开始了《火》的第三部创作。

一九四四年五月巴金离开桂林去贵阳，准备和恋爱了八年的萧珊结婚。

和萧珊结婚

　　从一九四三年四月到九月，巴金写完了《火》的第三部。至此，完成了他的"抗战三部曲"——《火》。这时，他想到，这部长篇小说已全部脱稿，也该考虑自己的个人问题了。

　　一九四四年，巴金到了不惑之年，整整四十岁了。这年五月初，他从桂林到了贵阳，于五月八日和萧珊举行了非常简单的婚礼，从此巴金有了属于自己的家。

　　萧珊，本名陈蕴珍。她在上海爱国女中读书时就热爱巴金的作品，作为读者，她写信给巴金，诉说她读了他的作品后的感想，并提出各种问题请求解答，巴金总是有信必复，坦率地和她交流对某些问题的看法。一九三六年巴金在上海第一次同她见面，对她产生了好感。萧珊是个进步青年，爱好文学，曾因参加学生运动被反动校长开除。回到家乡宁波后，又考取了上海爱国女中，读完了高中。巴金与她谈话时，不仅为她外表的美丽所吸引，而且为她的诚恳与热情所感动，于是来往多次，两人之间就产生了爱情。萧珊高中毕业时还是一个不到二十岁的姑娘，巴金认为对她的成长应该负起责任，他对她在临近毕业前到战地参加救护队抢救被炸伤同胞的行动给予了高度的肯定，支持她为祖国和民族贡献出自己的力量，他教她做什么事情都得靠"一副冷静的头脑"，决不能"把一切的希望都付托给一时热情的冲动"，萧珊听了巴金的话，越来越感到巴金对自己的关心与亲切，两个人的心也越来越贴近了。萧珊中学毕业了，她要求巴金把她带到他工作的地方去，给她一个为抗战出力的锻炼机会，巴金欣然答应了。

巴金一开始是把她从上海带到了炮弹纷飞的广州，把她暂时安排在出版社里尽义务，帮助工作，随后他又把萧珊带到了武汉。萧珊经受了日夜遭受轰炸的惊吓，看到了被炸后空无一人的荒墟，感触到了战争给中国人民带来的灾难是多么深重。巴金对萧珊说："在这个时代，战士是最需要的。但是这样的战士并不一定要持枪上战场。他的武器也不一定是枪弹。他的武器也可能是

知识、信仰和坚强的意志。他要能更有把握地致敌人以
死命。"他鼓励萧珊为他的朋友林憾庐在广州办的《宇
宙风》月刊写稿，后来她果然在颠沛流离的旅途中，用
"程慧"做笔名给它写了几篇富有生活气息的散文。

萧珊陪着巴金经历了各种艰苦生活。在抗日战争紧
张的时期，巴金与萧珊一起在日军进城前十多个小时逃
离广州。警报拉响了，接着就是炮声隆隆，枪声密集，
在一片惊慌中，只见逃难的人群像潮水般涌来，满街腾
起了浓烟黑雾，呼儿喊娘的声音此起彼伏。巴金带着萧
珊从广州到了桂林，那时桂林不断地遭受敌机轰炸，市
区有一半以上的建筑变成了焦土，许多工作陷于停顿，
设在桂林的文化生活出版社的办事处也一时无法开展出
版业务。这时，巴金与萧珊离开桂林，经金华、温州到
了上海。就在到上海这一年的夏天，萧珊到昆明去考大
学，进了西南联大外文系读书。后来，巴金还到昆明去
看望萧珊，当时许多朋友都知道了萧珊是巴金的未婚
妻。巴金与萧珊从广东到广西，从昆明到桂林，从金华
到温州，他们分散了又重见，相见后又别离。在那个年
代，每当巴金落在困苦的境地里，朋友们各奔前程的时
候，耳边就回响着萧珊温柔的声音："不要难过，我不

会离开你，我在你身边。"

巴金四十岁了，萧珊二十七岁，有情人终成眷属，他们在一九四四年五月初到贵阳旅行结婚了。

他们的婚礼非常简单，没有请一桌客，没有添置一床新被，甚至没有做一件新衣服。将近两年的时间，他们住在出版社里，住在朋友家里，无法给自己造个窝，可是夫妻俩照样和睦地过日子。

巴金婚后不到一个星期，就让萧珊只身到重庆去，他准备留在贵阳的中央医院诊治一下鼻炎。出院后，他动手写作已经开了头的中篇小说《憩园》。当时他住在贵阳中国旅行社招待所，又到贵阳郊外的"花溪小憩"住了几天。这里非常清静，这恰好给了他写这部小说的机会。他写得很顺畅，因为人物和故事他都熟悉透了。他从早写到晚，只有在三顿饭前后放下笔，到大街上散步休息，其他的所有时间都用在写作上，写到夜深也没有人打扰，他恨不得一口气把小说写完。《憩园》的大部分篇章就是在短短的十来天内写成的。巴金说："作家也有为自己写作的时候，我写这些人，可以说是为我自己留一个纪念的。"写作《憩园》的过程就是巴金组织家庭的过程，面对着老家的衰亡以及新家的组成，巴金心里自然会百感交集，并且把这部作品理所当然地看成是他俩爱情的结晶与纪念品。小说以巴金的五叔为原型塑造了杨老三的典型，笼罩着恬淡怅惘的思绪。巴金一九四一年一月第一次返回成都得知五叔死了的消息时，就产生了要写作《憩园》的动机，还有当他走过十八年前的故居门前引发的万端感慨，也是他要写作《憩园》的根由。他对封建大家庭制度的腐朽本质有了更深刻的认识，进一步看到了这个剥削者寄生的乐园里所发生的一切应该留给人们的思考：

> 财富并不"长宜子孙"，倘使不给他们一个生活技能，不向他们指示一条生活道路，"家"这个小圈子只能摧毁年轻心灵的发育成长，倘使不同时让他们睁起眼睛去看广大世界，财富只能毁灭崇高的理想和善良的气质，要是它只消耗在个人的利益上面。(巴金《爱尔克的灯光》)

这就是后来《憩园》的主题。

巴金是想通过这部小说告诉人们：与旧生活告别吧，让它只活在人们的记忆里，旧生活结束了，就该唱起即将到来的新生活的赞歌。

巴金还没有等到把《憩园》写完，就带着原稿走了。本来他是回桂林的，因萧珊在重庆两次写信要他到那儿去，他改变了主意，匆匆地搭上了去重庆海棠溪的邮车。巴金万万想不到这以后他就没有机会再踏上桂林的土地，因为不久就发生了"湘桂大撤退"。

在去重庆的旅途中，他去"花溪小憩"住了两天。他在寂寞的公园里找寻他和萧珊的足迹，站在溪畔栏杆前望着波光隐闪的流水，他的脑海里浮现着萧珊陪他同游于此的欢乐情景。想到这里，他想要见到妻子的心情迫切了起来。他又想赶快把《憩园》写完，好像作品里的人物都在等候着，要他去为他们表达痛苦与欢笑。他每到一个站头，就在所住的小客栈里，把随身所带的一锭墨、一支小楷笔和一叠当作稿纸用的信笺放在桌子上，再找个碟子或茶碗盖，倒点水，磨起墨来，拿毛笔蘸上墨汁，继续写《憩园》。

巴金终于来到了重庆海棠溪，他在车上一眼就望见了爱妻萧珊，她正站在那边等候他呢，当萧珊见到巴金在车上向她招手时，连忙追过来，在车窗外也不停地招手。

到了重庆，巴金和萧珊住在民国路文化生活出版社重庆办事处门市部楼梯下的一个小间里，屋子只有七八个平方米大。萧珊托人买了四只玻璃杯，就这样组织起了他们的小家庭。这个小家庭是热闹的，许多朋友跑来看他们，靳以、马宗融、冯雪峰等成了他们家的常客。

　　巴金到重庆后，积极投入到爱国民主运动中，和党内外进步作家、文化界人士有了更多的接触，直接得到了党的教育。当时在重庆的何其芳是巴金的老朋友，巴金早在一九三二年就认识了这位诗人和作家，曾为其编发过《画梦录》《还乡杂记》和《夜歌和白天的歌》等集子。一九四四年夏天，巴金一到重庆，何其芳就给他送来了延安生产的小米和红枣，并告诉他不少有关解放区的事情。不久，何其芳又同巴金到曾家岩"周公馆"去赴周恩来邀请的便宴。同席的还有老舍、曹禺、夏衍和刘白羽。一九四四年年底，面对日军的大举进攻，国民党军队节节败退，蒋介石盘踞的重庆人心惶惶，爱国作家们无比愤慨也感到彷徨无路。这时，周恩来与重庆文艺界人士进行了座谈，使大家在困难的时候看到了光明，巴金听了周恩来的讲话，得到极大的鼓舞。

　　在重庆的这段时间，巴金写完了《憩园》，把很大精力用在编辑和翻译工作上，写作相对地少了。萧珊协助巴金做了巴金要做的事情，巴金觉得有了温暖的小家庭，心里可踏实呢！萧珊跟她的同学杨苡说过："你不觉得我们一生中最好的时光都在战争中度过了么？"她是"在战争中"随着巴金颠沛流离而结为终身伴侣的，这成了他们"一生"的佳话。

抗战胜利后

一九四五年是大动荡的一年，也是大转折的一年。巴金为了投入斗争，争取抗战早日胜利，参加社会活动的时间比从前多了。这一年的二月，以郭沫若为首的全国文化界进步人士三百余人在重庆《新华日报》联名发表了《文化界对时局进言》，要求结束国民党独裁统治，实行民主，团结抗日。巴金参加了签名，表示他站在正义的立场上，态度是坚决的，旗帜是鲜明的。

这段时间，他开始写他已经构思好了的中篇小说《第四病室》。作品是根据他在贵阳中央医院住院的真实见闻和感受写成的，因此不需修饰，也不添枝加叶，写得朴素、真实。以一个病室作为缩影，巴金就像一位外科医生，用他的"解剖刀"，把旧中国这具尸体一一地解剖给人们去看。在他看来，医院应当是救死扶伤的场所，但这儿却冷酷得叫人毛骨悚然，对病人没有同情心，把病人当作一部坏了的机器，要修理就得有钱，没有钱，那就死活不管。巴金在病室里看到的是悲苦、呻吟、死亡，那个烧伤工人因为公司不肯负担医药费，终于在病房里痛苦地死去；那个在国民党军队某某器材库工作的年轻人因车祸断了左臂，受尽折磨之后不知由于什么原因得了伤寒，病情恶化；还有那个莫名其妙地给医生挖掉了一只眼睛的病人；等等，他都按照真实情况写进了作品。他在小说里写了一个年轻的女医生杨木华。她对病人非常关心和爱护，病人们希望有这样一位医生在病房里出现，把病人当人去对待。他说："在这种痛苦、悲惨的生活中闪烁着的一线亮光，那就是一个善良的、热情的年轻女医生，她随时在努力帮助别人减轻痛苦，鼓舞别人的生活的勇气。"巴金通过塑造这个虚构的典型人物，期盼人"变得善良些，纯洁些，对人有用些"。巴金总是以要求自己怎样"做人"的标准来希望人们"做人"。《第四病室》写在抗日战争年代，强调的是人心的凝聚，杨大夫的形象无疑是作家给黑暗王国点亮的一盏明灯！

　　一九四五年八月十五日，日本无条件投降。十四年的浴血奋战，十四年的艰难生活，十四年的朝夕盼望，终于传来了胜利的喜报，全国各地一片欢腾。巴金在山城重庆，看到的是大街上奔跑着欢乐的人群，他们在灯火通明的夜晚，手持鲜花舞之蹈之；听到的是震天动地的欢呼声、爆竹声……他与萧珊也和大家一样，享受了胜利的欢愉，激动得热泪盈眶。

可是，狂欢的热潮像旋风一般很快地过去了，留下的是一片混乱。

抗战胜利了，现实还是和过去一样，没有什么大的改变：逃难的，回不了老家；饥饿的，得不到温饱；失业的，找不到工作。到处是孤儿寡母，遍地是啼饥号寒之声。耀武扬威的还是那些发了国难财的巨商豪富，神气十足的还是那些怕死享乐的官僚买办，而国民党的接收大员奔赴各地，妄图垄断受降权，独吞胜利果实，内战的迹象已经显露，巴金不再像胜利刚来临时那样乐观，郁积在心头的是忧虑：中国往何处去？

在日本昭和天皇裕仁发表《停战诏书》的第十天，即一九四五年八月二十五日，中国共产党代表人民的意愿发表了《对于目前时局的宣言》，提出了和平、民主、团结三大口号。八月二十七日的重庆《新华日报》

登出了一条"毛泽东同志即将来渝"的"本报讯"，巴金和全国人民一样，为长久期待的"和平"日子快要到来而惊喜。八月二十八日，由美国驻华大使赫尔利和国民党政府的代表张治中陪同，毛泽东、周恩来、王若飞乘飞机来到重庆与蒋介石进行和平谈判。巴金和全国人民怀着同样的心情，把希望寄托在这次国共两党的和平谈判上，"以便在和平民主团结的基础上，实现全国的统一，建设独立自由与富强的新中国"。

毛泽东到重庆后，巴金与老舍、胡风、邵荃麟、傅彬然五位作家被邀请到毛泽东下榻的地方——上清寺，与这位中国人民的伟大领袖会晤。当人们向毛泽东介绍巴金时，毛泽东握着巴金的手笑着说："巴金先生，听说你年轻时也信仰过无政府主义，是这样吗？"巴金说："是呀，听说主席也信仰无政府主义。"毛泽东接着说："是的，那时我们对什么都有兴趣。"最后，毛泽东赞扬巴金："据说延安有的同志参加革命曾经受过你的作品的影响。"巴金听了很受鼓舞，为自己的作品能产生这样的效果感到莫大的欣慰。

经过中国共产党人的努力，同时在全国人民的压力下，国民党被迫在十月十日签订了《政府与中共代表会谈纪要》，即《双十协定》。尽管在《双十协定》上签了字，然而蒋介石对谈判并无诚意，在解放区政权和解放区军队这些最根本的问题上一再否定了中国共产党的合理提案。蒋介石一边在谈判，一边在密发《剿匪手册》，于十三日和十五日命令国民党军队向共产党军队进攻。毛泽东在由重庆返回延安后于十七日发表《关于重庆谈判》一文，确定了"针锋相对，寸土必争"的方针。

《双十协定》上签字的墨迹未干，蒋介石就公开地挑起内战，侵犯解放区，并在国统区变本加厉地实行法西斯专政，激起了全国人民的极大愤怒，国统区以青年学生为首的"反饥饿、反内战、反迫害"的民主爱国运动蓬勃地发展起来。

巴金对中国共产党提出的和平、民主、团结的方针是热忱拥护的。在重庆，他有了更多的机会接触周恩来，接受党的直接教育。一九四五年十二月一日，云南昆明各大、中学校学生六千余人举行了反对内战的示威游行，并于西南联大校内举行反内战的时事晚会，遭到国民党反动军队的残酷镇压，师生多人被打伤和枪杀，酿成了"一二·一"惨案。巴金和郭沫若、茅盾等十八人联名致电昆明各校师生，悼念被难烈士。一九四六年一月，巴金和茅盾等联合发表《文艺界致政治协商会议各委员书》，要求结束"一党专政，制定和平建国纲领""废止文化专制政策"。随着国民党反共反人民的面目的逐渐暴露，也由于党给巴金的影响和教育，他对国民党反动政府完全失望了。他说："胜利，给我们带来希望，又把希望给我们拿走。"又说："胜利给我们的亲人带来饥饿、痛苦与贫困，在另一些人中间却充满着荒淫与无耻。我们粉身碎骨、肝脑涂地所换来的新秩序绝不是这样！"

　　两种命运的激战在辽阔的中国大地上展开了，巴金发出了黎明前的呼叫！

三哥之死

　　巴金在重庆听说与他阔别了五年的三哥尧林到了上海，非常高兴，恨不得立刻能与之见面，但他不能及时赶回上海，因一时无法买到飞机票，只得拍了个电报给三哥，他不放心三哥的病情，也不放心朋友们的安全。三哥回电说大病初愈，朋友陆蠡却是下落不明。

　　后来，中国旅行社的一个朋友为他设法买到了去上海的船票。虽然这时妻子萧珊已经怀孕，但估计分娩还在一个半月以后，于是安排好了萧珊，他就于一九四五年十一月去了上海。

　　巴金一到上海，只见国民党的上海接收大员已经把上海闹得天翻地覆，吃了亡国奴苦头的上海人民依然生活在苦海之中，抗战胜利之初的狂欢很快结束，面临着的是新的灾难。

巴金一到霞飞坊五十九号家里，便看到三哥李尧林脸色苍白、两颊深陷地病倒在床上。巴金心里好一阵辛酸，可三哥却兴奋得有说不完的话。尽管巴金以能看到三哥为这次回上海的最大快乐，但他发觉三哥说话显得很累，强打着精神说"好多了，好多了"，巴金也以为只要好好休息，增加营养，三哥会恢复健康的。后来，三哥说："我觉得体力不行了。"但起初却不肯进医院，巴金也没有坚持。眼看着三哥病势在加重，巴金才找一位朋友帮忙，让三哥住进了医院。这家医院的环境比较幽静，很符合李尧林爱静的性格。朋友们来探望，谁都看得出病人的体力在逐渐衰竭。在三哥逝世前两天的夜里，巴金边陪护三哥，边在病床前校改小说《火》的清样。三哥忽然张开眼睛叹口气说："没有时间了，讲不完了。"巴金问："讲什么？"三哥说："我有很多话。"又说："你听我说，我只对你说。"巴金安慰三哥，劝三哥好好睡觉，有话明天说。三哥叹口气说了一句："来不及了。"巴金突然觉得三哥好像不认识自己似的，只看了他两眼，就闭上了双目没有再说什么话。到了第二天早晨，巴金离开病房时，三哥要说的话还是没有说出来，只说了一个"好"字。这就是他们弟兄最后一次的见面。两天以后的一个早上，巴金刚起床就接到轮值陪夜的朋友从医院打来的电话："三哥完了。"

巴金赶到医院，把三哥头上的被单揭开，一看三哥又黄又瘦，眼睛紧闭，嘴微微张开，好像有什么话没有来得及说出来。巴金轻轻地唤了一声："三哥！"觉得有许多根针在刺着他的心。

巴金流着泪把三哥的遗体移送到上海殡仪馆入殓。晚上，他一个人回到霞飞坊五十九号的三楼上，辗转难眠，他没有想到三哥来上海只一个星期，就悄然离开了人间，他才四十三岁啊，死得太早了，又死在"寒夜"的年代，死得太惨了！他好后悔啊，怪自己为什么不让三哥把心里的话全讲出来呢，为什么要劝三哥好好睡觉封住了垂死的病人的嘴巴呢，今后永远听不到三哥说话的声音了，三哥像一支残烛，烛油流尽，烛光熄灭了！

巴金爱他的三哥，钦佩三哥那种"像一根火柴，给一些人带来光和热，自己却卑微地毁去"的精神。

巴金对三哥的死悲痛至极，他冒着肃杀的秋风埋葬了三哥，便匆匆赶回重庆，因为萧珊临盆在即。年底，他们的女儿出世了，巴金为了纪念他的三哥，给女儿取名叫小林。

巴金回到重庆，度过了许多个不眠寒夜。他想起三哥在日军侵占"孤岛"后那几年集中营似的生活，为没有能够帮助三哥离开上海而内疚不已。在日军的铁蹄下文化人的处境是十分危险的，好不容易盼到了抗战胜利，才高兴了几天，内战的阴影就笼罩在人们的心头。三哥死的时候，正处于黎明前的"寒夜"。

为反内战而呼号

一九四五年十二月十六日，中共中央派出以周恩来为首的参加政治协商会议的代表团，由延安飞往重庆。中共代表团认为停止国民党的军事进攻是召开政治协商会议的前提条件。一九四六年一月，开始了国共双方的停战谈判，至十日，双方达成协议，签订了停战协定及十三日起生效的停战令。十日晚毛泽东就向解放区各部队发布了严格执行停战协定的命令。相反，将介石则在停战前发布了要占领有利地点的密令。停战后，国民党军队继续进攻解放区的事件仍不断发生。

一九四六年一月十日，政治协商会议（旧政协会议）在重庆国民党政府大礼堂开幕。参加会议的各方代表共三十八人。巴金虽然对政治协商会议抱有希望，但也感到潜在的矛盾并没有消除。果不其然，二月十日，重庆进步人士和群众一万多人在较场口集会庆祝政治协商会议召开时，国民党特务五六百人前来捣毁会场，打伤了大会主席团郭沫若、李公朴等六十余人，许多人还遭到逮捕。较场口事件引起了全国人民的愤慨，也燃起了巴金"要和平，反内战"的怒火。

六月，巴金离开了重庆，在上海定居。他听说国民党召开了六届二中全会，蒋介石在会上公然带头撕毁政治协商会议所通过的各项决议，重新向全国宣布独裁，内战又开始了。这时，巴金和张澜、沈钧儒、郭沫若等联名发表了《致美国国会争取和平委员会书》，呼吁和平，并与马叙伦等上海各界人士联合写信给蒋介石、马歇尔及各党派，要求他们以人民利益为重，放下武器，恢复和谈。

抗战胜利后，国民党当局一直无视人民希望和平建设的要求，坚持发动内战，受到爱国群众的强烈反对，昆明大、中学生因为游行反对内战，遭到了疯狂的镇压，发生了流血事件。一九四六年七月十一日晚，又是在昆明，著名民主人士李公朴先生因积极参加反内战、反独裁的政治斗争，被国民党当局暗杀。西南联大教授、全国著名诗人闻一多不顾亲友的劝阻，不畏生命安全，执意参加了七月十五日由云南大学学生自治会主持的、李公朴夫人报告李公朴先生死难经过的大会。闻一多在大会上即席发表了讲演，愤怒控诉了反动派杀害李公朴的罪行，并且大声疾呼："光明就在我们眼前，而现在正是黎明之前那个最黑暗的时候。我们有力量打破这个黑暗，争到光明！我们的光明，就是反动派的末日。"闻一多表示，有李公朴的人格精神鼓舞着大家，"我们随时像李先生一样，前脚跨出大门，后脚就不准备再跨进大门"！这最后一次的讲演气壮山河，敌人听了心惊胆战，当天闻一多被暗随的国民党特务枪杀了。

巴金先是从《文汇报》上看到了李公朴"遭狙击殒命"的报道，十分愤慨，正当他要为死难者作出行动上的表示时，接着又在《文汇报》上读到了闻一多中弹牺牲的新闻。被激怒的他觉得暴虐的统治者如此惨无人道地杀害手无寸铁的知识分子，太卑鄙了，他决心要为人权控诉。这时，郭沫若向茅盾建议，和巴金、叶圣陶、胡风等十三人联名致电联合国人权委员会，向全世界爱好和平的人们控诉国民党特务用卑鄙手段暗杀李公朴、闻一多的罪行。与此同时，巴金又与茅盾、叶圣陶等二百六十人联名发表了《中国文化界反内战、争自由宣言》。

有镇压就有反抗，巴金在悲愤的情绪中没有失去渴望光明的信心，他认为最黑暗的时候也就是光明快要到来的时候，他要用作家的良心为"反内战"而呼号，发扬闻一多不怕牺牲的斗争精神，揭露中国的黑暗现实，向法西斯的残暴统治开火，为民主和自由而战！

在暗无天日的上海，人民已经没有发表言论的自由，一九四七年五月，上海的三家进步报纸《联合晚报》《文汇报》《新民晚报》被国民党政府查封了，之后上海的几家进步刊物也被勒令停刊，其中《文萃》编辑部的三位工作人员惨遭杀害。在进一步恶化的形势下，巴金与到他家来的老朋友靳以、李健吾、曹禺、萧乾、吴朗西等交流着社会各界为反内战而进行斗争的消息，有时还对某些问题进行辩论，各抒己见，报刊上没有言论自由，可在巴金家里，他和朋友们还是要自由地谈论的。

巴金从重庆回到上海，为恢复文化生活出版社的工作花费了很大的精力，编发了不少足以推动新文化运动继续前进的新书稿。他除了应付这些繁忙的出版事务外，还多次参加了反内战、争自由的斗争。巴金无论是作为一个作家，还是作为一个爱国的知识分子，他对人民革命事业的贡献都是很大的，因此在读者中间的威望也是很高的。但是，也有人在《中华时报》上发表文章攻击巴金，接下来又有人在《联合晚报》的副刊上对攻击巴金的论调进行附和，胡说什么巴金"既不敢明目地卖身投靠，又不敢面对鲜血淋漓的现实，'哎哟哟，黎明'这就是一切"。就是这个人，在《文汇报》的《新文艺》周刊上于攻击唐弢的同时，把巴金也带了一笔。曾在抗战前出现过的"左"倾关门主义和宗派主义的阴魂仍在文坛上飘荡。巴金对此十分厌恶，针锋相对地给予了还击。文艺界的这种行为也引起了郭沫若的反感，特地写了文章，指出如此做法的错误，还提到了巴金的为人与贡献，说：

> 巴金先生……是我们文坛上有数的有良心的作家。他始终站在反对暴力、表扬正义的立场，决不同流合污，决不卖虚弄玄，勤勤恳恳地守着自己的岗位，努力于创作、翻译、出版事业，无论怎么说都是有功于文化的一位先觉者。（郭沫若《想起了斫樱桃树的故事》）

郭沫若对巴金恰如其分地作出了高度的评价，准确地画出了巴金一贯看重"做人之道"的相貌。巴金黎明前的呼叫，是他抗争的表现，是他盼望光明到来的心声，这有什么值得讽刺的呢？抗战后期，茅盾针对国统区政治腐败、民不聊生的现实，在一篇文章里号召"作家写新的光明"，"也写新的黑暗"，说消灭黑暗势力"是争取最后胜利之首先第一的条件。目前的文艺工作必须完成这一政治任务"。巴金所做的工作正是这样的工作。在抗战胜利之后，巴金写了短篇小说《女孩与猫》、散文《无题》《纪念我的哥哥》《月夜鬼哭》等，重新编辑了散文集《旅途杂记》、短篇小说集《小人小事》，完成了新中国成立前他的最后一部长篇小说《寒夜》。除此以外，巴金把主要精力放在编辑和翻译工作上，如编发、校阅了沙汀的长篇小说《还乡记》、李健吾的翻译小说《包法利夫人》。他自己又在忙碌中抽时间翻译了英国王尔德的《快乐王子集》、俄国奈米洛夫的《笑》《哭》，特别是翻译了他早就想译出的俄国薇娜·妃格念尔著的《狱中二十年》。他非常喜欢这位曾被沙皇逮捕、入狱二十年的俄国革命党人所写的回忆录。他说："这部书像火一样点燃了我的献身的热望，鼓舞了我的崇高的感情。我每读一遍，总感到勇气百倍，同时又感到十分地惭愧。我觉得在这样的女人面前，我实在是太渺小了。"

巴金抗战后期的作品多有暴露黑暗现实的内容。蒋介石国民党坚持消极抗日、积极反共的方针，对内加紧法西斯独裁专制，人民被推进了内战的血海，遭受了巨大的灾难，但一批御用文人还千方百计地为国民党反动政权歌功颂德、涂脂抹粉。一些进步作家面对这种黑暗现实，提出了暴露黑暗的口号，出现了像茅盾的《腐蚀》、沙汀的《淘金记》、张天翼的《华威先生》等力作。巴金的《第四病室》等作品就有着暴露的力量。到了写《寒夜》时，巴金说："已经没有力量呼叫'黎明'了。"这就是说在无比黑暗的现实及不合理的社会制度下，人们单凭个人斗争，就如同行将溺死的人，连呼叫"黎明"的力气也没有了。实际上，巴金正是以这样的方式呼叫黎明的到来，作品以深刻的批判精神告诉人们：黑夜是会被光明赶走的，天快要亮了！

《寒夜》时写时辍，一直到一九四六年下半年巴金才把它写完。小说是国民党统治区黑暗生活的真实缩影，是旧知识分子悲惨遭遇的真实写照。主人公汪文宣是一个小公务员，原有的理想、热情在饱经人世沧桑中丧失了，变成了一个安分守己、胆小软弱、忍辱偷安的老好人，俨然是生活在抗战时期大后方的又一个巴金《家》中的"高觉新"（原型是巴金的大哥）。"为了生活可以忍受"，这是汪文宣的处世哲学。汪文宣不喜欢自己的工作，却又小心翼翼地唯恐失去这个可怜的饭碗。汪文宣在家中对母亲与妻子之间的永无休止的争吵和纠纷束手无策，只得敷衍和拖延，在生活的夹缝中痛苦地煎熬着。在贫病交加的境况中，汪文宣把全部希望寄托在抗战胜利后时局好转的梦幻上。可是冷酷的现实逼着汪文宣一天天陷入绝境，可怕的病魔迫使汪文宣一步步走向死亡。就在庆祝抗战胜利的锣鼓鞭炮声中，这个与世无争的忠厚善良的小人物终于带着精神和肉体上的极大痛苦，吐尽血痰，凄凉地死去。直到临死，汪文宣还张着嘴似乎在向谁要求"公平"。巴金怀着深沉的悲哀和愤慨，通过汪文宣的命运反映出那个"好人受气，坏人得志"的国统区的社会现实，写出了"那些被不合理的制度摧毁，被生活拖死的人断气时已经没有力量呼叫'黎明'了"。这是对国民党反动统治的一个血泪控诉。巴金要替"已经没有力量呼叫'黎明'"的被侮辱被损害的人作出"黎明"前的呼叫，他在《寒夜》的"尾声"中，通过路人之口说出："胜利是他们胜利，不是我们胜利。我们没有发过国难财，却倒了胜利霉。"

从客观情况来看，因文网森严，不允许作家把揭露的笔锋直指蒋介石国民党，但他通过暴露日常生活中的种种弊病，写出了小人物的灰暗生活与悲惨遭遇，让读者看清楚那个社会的腐败：天是黑沉沉的天，地是昏蒙蒙的地，挣扎着快要下沉的人是苦凄凄的人！巴金还常常在前言、后记中写出一些暗示性的语句，帮助读者去理解他的作品，这也是和国民党审查机构作迂回的斗争。如在一九四八年一月《寒夜》再版后记中就写道：

今天天气的确冷得可怕，我左手边摊开的一张《大公报》上就有着"全天在零度以下，两天来收路尸共一百多具"的标题。

读者一看不就知道了这影射着社会的阴冷及现实的黑暗吗？

巴金以《寒夜》来结束他新中国成立前的创作，自有他的深衷曲意，临近解放的上海寒夜，比临近抗战胜利时的重庆寒夜还要寒冷！但，夜再长，也会有尽头，人们在盼望着上海的解放！

巴金侧耳倾听到横渡长江的中国人民解放军解放上海的炮声！他呼叫的黎明快要出现了！

为新时代放歌

　　一九四九年五月二十七日，巴金以无比欢欣的心情迎接了上海的解放。他和上海人民一道沉浸在莫大的欢愉之中，看到街头上活跃着的腰鼓队，看到漫天飘起的彩旗，看到浩浩荡荡进城的中国人民解放军的英姿，看到一张张扬眉吐气的笑脸……有说不出的高兴，仰头望着蔚蓝的天空，环顾周围环抱的绿荫，呼吸着特别新鲜的空气，心境分外地明朗。是啊，明朗的天，明朗的地，新的时代到来了！

　　一九四九年六月，巴金到北平出席中华全国文学艺术工作者代表大会。会议是七月二日于中南海怀仁堂开幕的，一共开了十八天。这是国统区与解放区两支文艺队伍的一次不平常的团聚。在会上，巴金与他的许多老朋友见面了，也结识了不少新的朋友。叶圣陶看到巴金来了，非常亲热地与他交谈起来。在上海临近解放时，曾有人劝他移居海外，他不仅没有这样做，而且还劝他的朋友和他一起留下来，他相信新生后的祖国会建设得很好的。叶圣陶曾听说巴金到了香港后已去了台湾，心里非常焦急，曾写信向有关人士打听有没有这样的事情，后来知道巴金由台北乘车取道基隆回到上海，这才放了心。叶圣陶长巴金整整十岁，对巴金十分关心，不希望巴金在处世待人上有什么疏失。现在，两个人在会上见面了，并经常坐在一起促膝谈心，巴金是十分珍惜能有机会跟叶圣陶多谈谈的。巴金很尊重叶圣陶，一直把他看作是自己的老师。叶圣陶为人的至诚、至善、至美给巴金留下了深刻的印象。

在连日召开的全国文代大会上，巴金认真听了郭沫若、周扬、茅盾谈文艺的报告，感到内容扎实、新鲜，还听了丁玲、艾青等十位作家的专题发言，激起了要为新的时代歌唱的创作热情，特别是听了周恩来的政治报告，更令他激动不已，对祖国新生后将走向繁荣富强充满了信心。七月六日，在周恩来作政治报告的时候，毛泽东来了，群情振奋，欢声雷动。毛泽东上台讲了话：

你们开的这样的大会是很好的大会，是革命需要的大会，是全国人民所希望的大会，因为你们都是人民所需要的人，你们是人民的文学家、人民的艺术家，或者是人民的文学艺术工作者的组织者。你们对于革命有好处，对于人民有好处。因为人民需要你们，我们就有理由欢迎你们，再讲一声，我们欢迎你们。

　　巴金和所有到会的作家一样，听到毛泽东这一番温暖人心的话，激奋得感情不能抑制，个个表示要在毛泽东文艺思想的指引下，用自己的笔为广大群众服务。

　　巴金在会议期间，应《人民日报》的约请写了一篇书面发言，题目叫作《我是来学习的》。长期被反动派隔绝的两支文艺队伍聚会在一起，互相学习，交流经验，商讨发展新中国文艺事业的大事，这对写惯痛苦和哀愁、在作品中浸透着血和泪的巴金来说，是极大的触动，他要转换笔调，来歌颂人民的欢乐和胜利。时代不同了，他和他的作品中的主人公一同经历过的那些悲惨的屈辱的生活已经过去了，他暗下决心："我要歌颂这个伟大的时代，歌颂伟大的人民，我要歌颂伟大的领袖。"

一九四九年十月一日，巴金作为全国文协的代表，登上了天安门城楼，参加了庆祝中华人民共和国成立的盛典。他望见天安门广场上是人的潮流、花的海洋，"毛主席万岁"的欢呼声如春雷般响起，经久不息。数不清的红旗迎风招展，胜利的歌声高亢嘹亮，这使巴金"如此清楚地看到中国人民光辉灿烂、如花似火的锦绣前程"，感觉到"心要从口腔里跳出来，人要纵身飞向天空"，此时此刻他真正体验到了"一个幸福的时代开始了"的欢乐。

新中国的诞生给巴金的创作生活开辟了广阔的前景。他积极响应党的号召，投身火热的斗争生活。他从过去狭隘的生活圈子里跳出来，经常深入工厂、农村、边远的村镇，感受时代的风雨，从层出不穷的新生事物中汲取创作的源泉；他栉风沐雨，远涉重洋，投身国际交往事业，为增进中国人民和世界各国人民的友谊而不辞辛劳。丰富多彩的生活像一股股喷射的清泉，在心中激荡，为他提供了写之不尽的题材；新的生活所激发出来的热情像一团团炽烈的火焰，在心中燃烧，使他迫不及待地要表露出来。他选中了散文这一反映及时、灵活多样并富于表现的文学样式。他的散文题材广泛，叙写真实，跳动着时代的脉搏。而歌颂祖国的日新月异、表现人民当家做主后创造美好的生活是他散文创作的主旋律。如《"上海，美丽的土地，我们的！"》《最大的幸福》《大欢乐的日子》《忆个旧》及收入《新声集》《赞歌集》中的其他部分作品，就是他献给祖国、献给人民、献给党的一首首颂歌。巴金说："我的笔即使写不出振奋人心的热情的赞歌，它也要饱蘸作者的心血写下一个普通人的欢乐和感激的心情。我绝非为写文章而写文章，我有满腹的感情要倾吐，我有不少的见闻要告诉人，我有说不尽的对新社会的热爱要分给别人，我才拿起我这支写秃了的笔。"一生追求光明的巴金通过新旧社会的鲜明对比，对祖国翻天覆地的变化有特别真切的感受。他想起了一九三二年写的以个旧锡矿工人的悲惨生活为题材的中篇小说《砂丁》，那时个旧是一座死气沉沉、一片黑暗的城市，是充满血泪、痛苦、死亡的人间地狱，现在的个旧新生了，他亲眼看见这里到处热浪滚滚，满街振奋人心的标语显示出翻身解放的人们有着建设祖国的巨大热情。巴金由个旧联想起祖国的其他地方，都是这样的万里晴空，阳光遍地，都是这样年年在变，月月在变，天天在变，于是动情地写了《忆个旧》这一篇忆苦思甜、爱恨交织的散文。巴金也把对新时代的赞歌，献给在和平建设中作出重大贡献的普通的人们。一九五八年，巴金到上海广慈医院（今瑞金医院）采访抢救上海炼钢工人邱财康的事迹，深深地感到新的时代是创造奇迹的时代，是充满阳光的温暖的时代。一个夏天的夜晚，他在医院里的露台上旁听全市外科名医的会诊，专家们为治愈邱财康大面积烧伤提出了种种方案，认真地进行了讨论。他想起了一九四五年上半年他在重庆沙坪根据自己于贵阳中央医院住院时的见闻写成的小说《第四病室》。一个烧伤工人在医院里因为没有钱而不给其用药，结果痛苦哀号地死去。这个惨死的烧伤工人烧伤面积比邱财康小得多，可在过去那样的社会里哪有穷苦人的活路。巴金看到，在今天，一场挽救烧伤工人的生命的战斗得到了全国人民的支援，邱财康活下来了。两个社会两重天，巴金激动地写了《一场挽救生命的战斗》。整篇文章洋溢着对社会主义的爱，流淌着对创造奇迹的人们的情。

巴金怀着对新时代的满腔热情，写了很多为新的时代放声歌唱的文章，《我们伟大的祖国》《最大的幸福》

《无上的光荣》《星光灿烂的新安江》等作品，无不具有打动人心的力量。为什么能做到这一点呢？他自己向读者作了解释：

我想写新社会，写新人和新事，这一切对我有多么大的引力，这一切在我的眼睛里显得多么有光彩！

生活在"最可爱的人"中间

一九五〇年,美帝国主义侵略朝鲜的战争爆发了,中国人民志愿军为了保家卫国,为了全世界的和平,跨过鸭绿江,开始了抗美援朝的战争。

在全国文联的组织下,成立了赴朝战地访问团,巴金担任团长。访问团连他在内一共十五人,都是当时著名的作家、美术家和音乐家。一九五二年三月七日启程离开北京,他们在沈阳住了几天,然后又到安东住了一宿,十六日下午乘火车跨过鸭绿江。一到志愿军政治部,他们就被安排分散住在朝鲜老百姓家里。因附近时有敌机轰炸,为保证他们的安全,政治部把他们转移到半山上的坑道里去了。

巴金深入朝鲜战地,和志愿军战士共同生活了七个月。在这七个月里,他一次又一次奔赴硝烟弥漫的战场，到坑道去，到前沿去，生活在"最可爱的人"中间，写下了一篇篇赞颂志愿军英雄的文章，有《生活在英雄们的中间》《寄朝鲜某地》《起雷英雄的故事》等等。他和战士们住在同一间"地屋子里"，睡在同一个炕上，做着同样的梦，这使他感到有一种力量在推动着他，有一种感情在激励着他。巴金说："我开始爱上了那种生活。爱上了那些人……我和志愿军指战员交上了朋友，我的思想感情也渐渐发生变化。"他在文章里写的是全国人民心目中的"最可爱的人"这一英雄集体的群像，从司令员彭德怀到各级指挥员、战士、通讯员、卫生员、炊事员，等等。这些英雄有宽广的胸怀、无比坚强的意志、无限崇高的品德、无与伦比的情操，行为是美的，心灵是美的。《我们会见了彭德怀司令员》记叙了他同彭德怀的一次会见。在没有见到彭德怀这位举世瞩目、叱咤风云的将军之前，巴金听说此人很是严肃，但见了面、谈了话后，就觉得很亲切了，"一身简单的军服，一张朴实的工人的脸"，慈祥的微笑，亲切的握手，娓娓的交谈，使作家、画家一下子跟司令员缩短了距离。亲切的会见给巴金留下了深刻的印象，他说："我觉得他就是胜利的化身……可以放心把一切都

交给他，甚至自己的生命。"巴金以他热情的文笔写了
不少歌颂朝鲜战场上中国人民志愿军伟大的牺牲精神的
作品。他亲眼看到这些心地纯洁、胸襟博大的战士，对
祖国人民、对朝鲜人民是那么热爱，对侵略者是那么仇
恨，他们头顶炮火冲锋陷阵，心里想的是要让"祖国人
民听不到这样的炮声"；他们明知踩上了地雷就会血肉
横飞，但却不绕开，而是冒着生命的危险去铲除它……
正是这样，他们经受得住生与死的考验，表现出了非凡
的勇敢，创造出了神话般的奇迹。巴金在朝鲜七个月后
回到了上海，先后根据他所积累的材料写了短篇小说
《坚强战士》《一个侦察员的故事》《黄文元同志》《爱
的故事》。《坚强战士》写的是战士张渭良在负伤后爬行
了十天九夜回到了阵地。《黄文元同志》写的是战士黄
文元在执行任务中被敌人投下的一颗燃烧弹烧着，为了
不致暴露目标，影响到反击任务的完成，忍受了难以言
喻的巨大痛苦，被活活烧死。巴金在朝鲜战地的七个月
是他一生难忘的日子，他感激他所熟悉的、所热爱的人
使他感染了那么深厚的爱和深切的恨，给他照亮了人生
的道路，他从这些纯朴的人们身上汲取了创作力量。

朝鲜停战协定签订之后，一九五三年八月，巴金再

度去朝鲜前线，写了他反映这场战争的通讯报告集《保卫和平的人们》，真实地记录了志愿军战士的日常生活，揭示了他们那种"一人吃苦，万人幸福"的忘我的精神境界。

一九五四年年初，巴金从朝鲜回国后，继续以朝鲜战地的事实为题材写出了《活命草》和《明珠与玉姬》等作品，还在六十年代初连续写了《团圆》（后被改编成电影剧本《英雄儿女》，上映后受到广大群众的热烈欢迎）、《李大海》《副指导员》《回家》等七个短篇小说。这些短篇小说在一个时期作为爱国主义教育的教材，对青年一代产生过广泛的影响。

繁忙的社会活动

　　巴金从朝鲜回国后一直在忙碌。他的社会兼职越来越多，活动日趋频繁，大会小会要经常参加，这就占去了他大量的时间与精力，但他仍然抓紧一切可能的机会从事创作（包括翻译工作）。一九五四年七月，他应邀参加苏联纪念契诃夫逝世五十周年大会，作了《向安东·契诃夫学习》的讲话。同年八月，访苏回国。九月，当选全国第一届人大代表，赴京出席会议，并在会上作了发言。进入一九五六年，他的文艺活动更加繁忙。一月，他与周立波一起去柏林参加了一个星期的德意志民主共和国第四届作家大会。在参加大会前一个月，有一位德国作家到我国访问，曾问巴金："你们这样经常迎来送往，怕不大有时间写文章吧？"他笑而不答，因为他已经习惯了频繁的迎来送往，到柏林参加大会，性质上不有点类似送往迎来吗，他还能说什么呢？二月，他回北京后参加了中国作协第二次理事会（扩大）会议，并作了发言。五月，在作协上海分会会议上作了《在建设社会主义文学的旗帜下前进》的报告。十月去四川考察工作，住了近两个月时间，重新修改了长篇小说《家》。一九五七年三月，巴金在北京参加全国宣传工作会议，受到毛泽东的接见。七月，赴京参加全国人民代表大会第四次会议。在这段时间，他又参加了反右运动。与此同时，接手和靳以主编大型文学刊物《收获》，并开始整理、修改他一九四九年以前的创作，编辑《巴金文集》。一九五八年十月，巴金到塔什干参加了亚非作家代表大会。回国以后，他继续编选自己过去的作品，还不断地创作和出版新的作品。一九五九年九月，面临国庆十周年纪念，全国报纸和杂志的记者编辑纷纷到巴金家中约稿，他为了热情歌颂祖国社会主义建设的伟大成就，仅在九月份这一个月就写了七篇文章，分别发表在《收获》《解放日报》《文汇报》《人民日报》《新华日报》《上海文学》《萌芽》上。巴金确实是把他的全部精力用在工作和写作上的。同时，他要花上很多的时间从事社会活动，接见国际友人和各式各样的来访者，要回

186

答一些青年文艺爱好者所提出的问题。但在繁忙中，还与萧珊合译完了《屠格涅夫中短篇小说集》，与曹靖华合译了高尔基的《回忆录选》，译完了德国作家鲁多夫·洛克尔的短篇小说集《六人》、俄国作家迦尔洵的《红花》《一件意外事》等等。巴金每次出访总是要写文章的。一九五〇年十一月，他去华沙参加第二届保卫世界和平大会，回国后就写成了《华沙城的节日》，于一九五一年三月由人民文学出版社出版。一九六一年三月，赴日本东京参加亚非作家紧急会议，回国后就抓紧时间，完成了写朝鲜战争的另一个短篇小说集《李大海》。一九六二年八月，巴金赴日本出席禁止原子弹氢弹世界大会（任中国代表团团长），回国后立即写了散文《愤怒的内滩》《倾吐不尽的感情》《从镰仓带回的照片》等等。从一九六三年到一九六五年，巴金两次访问越南，第一次是一九六三年春，写了《贤良桥畔》等通讯和散文，第二次是一九六五年夏，写了《炸不断的桥》等通讯和散文。

巴金在新中国成立后先后担任了全国文联常务委员、副主席，文协（后改为中国作家协会）常务理事，作协副主席、主席的职务。他多次被选为全国人大代表，参加了第一、二、三、五届人大会议，并被选为第五届人大常委会委员。他还多次代表中国作家参加一些重要的国际会议。他就在这样极度繁忙的情况下，勤奋地从事创作，为发展社会主义文艺事业作出了突出的贡献。

巴金就是这样一个在创作生涯里不知疲倦的作家！

萧珊离世

　　一九六六年夏天，一场风暴席卷全国各地。这年的七八月，巴金正在北京出席亚非作家紧急会议，他已经预感到自己处境的不妙。七月，会议是在北京开的，八月，迁到上海开，巴金在开完最后一次大会后，就回机关参加"运动"。这次的运动来势很猛，巴金感到自己也"在劫难逃"。果然，到了九月初，他隔壁人家已经几次被抄家，巴金吓得把保存了四十多年的大哥的来信全部烧掉，他害怕某些人会利用信中的只言片语断章取义，造谣诽谤，乱加罪名。把所有信件化为灰烬，尽管心疼得像毁掉了他的过去，但他也顾不得了。未过几天，作协"文革领导小组"有人来通知巴金，说他"态度不老实"，革命群众要对他采取行动，当即就抄了他的家。他们从上午抄到下午，前后有六七个小时。临走时，他们还在巴金家门廊的入口处贴了一张揭发他的"罪行"的大字报，一个头头威胁他说："你再不老实交代，我们就把大字报贴到大门口，看你以后怎样过日子！"在作协的中央大厅里出现了批判他的大字报，并给他加了个"黑老K"的头衔，意思是巴金在文艺界的影响之大等于扑克牌里仅次于"A"的"老K"。报上也公开点名批判巴金了。林彪、江青一伙说巴金会见了彭德怀，是"彭德怀和巴金的一次反革命勾结"，又把"四人帮"自己煽动起来的无政府主义思潮怪罪于巴金在新中国成立前写了《灭亡》，他被安上"资产阶级反动学术权威""闻名于世的老牌无政府主义作家""反共老手""贩卖和平主义的骗子手"等等莫须有的罪名，打倒"黑老K"巴金在上海作家协会内掀起了高潮。他受尽了人身的侮辱，并被剥夺了人身自由。他被关进了"牛棚"，随时随地会被拉出去示众、批斗。一九七〇年，巴金来到奉贤文化系统"五七"干校，在那里整整度过了两年半的半强制性的劳动生活。巴金被迫用他那揭露黑暗、歌颂光明的笔，没完没了地写"检查交代""思想汇报"，他实在忍受不了，说：

这种种精神折磨已经弄得我睡不安宁,我常常梦见自己受到妖魔迫害挥动手臂保护自己,在干校的时候,我经常梦中大叫,有时甚至摔下床来。

巴金在干校休假期间回到了上海,新的灾难向他袭来:他发现妻子萧珊的健康状况越来越差。巴金与妻子萧珊患难与共、相濡以沫几十年。在"史无前例"的日子里,面对无穷无尽的精神折磨和肉体摧残,他们相依为命,互相慰藉,互相鼓励,又互相担心,互相挂念。萧珊就因为是巴金的妻子而受到牵累,给关进了"牛棚",挂上"牛鬼蛇神"的牌子,扫街、陪斗、挨打,"给别人当皮球打来打去",得了重病不能及时诊断治疗。而她却默默地忍受,以为自己多受一点精神折磨,可以减轻对丈夫的压力,其实这是一片痴心,结果只苦了自己。巴金有两年不在家了,萧珊承担了社会上对巴金家庭的一切迫害。她面呈灰色,人也消瘦了,精神萎靡,因为肠胃不适常卧床喊痛。巴金眼看着妻子一天天地憔悴下去,感到她的生命之火在逐渐熄灭,是多么地痛心啊!作为丈夫,巴金希望多留些日子,然而连照料病人的权利都被剥夺了,他必须回到干校去。巴金的内心是多么痛苦，他说："是我连累了她，是我害了她。"
萧珊患的是肠癌，在医院里只住了二十天就与世长辞
了。巴金赶到医院，妻子临终前，他一直守在她的身
边。在决定要动手术时，只听见妻子说："看来，我们
要分别了。"巴金心如刀绞，只是呜咽着说道："不会
的……"萧珊终于离开了她日夜关心的丈夫。巴金站在
死者遗体旁边，望着那张惨白的脸，那两片咽下千言万
语的嘴唇，他在心里呼喊着妻子……巴金将妻子火葬
后，把骨灰盒在存放室寄存了三年，他按期把骨灰盒接
回家中，放在寝室里，他感到和妻子仍然在一起！

　　萧珊去世后，巴金从干校回到上海，过着寂寞和孤
独的日子，成了一个与世隔绝的人。

　　一九七六年十月，党中央一举粉碎了"四人帮"，
巴金结束了这场噩梦，昂起了他那白发苍苍的头颅，迎
来了"第二次解放"！

希望之火

　　粉碎"四人帮"后的几年，是巴金再度解放后繁忙的几年，也是他心情舒畅、创作力旺盛的几年。他高兴地说："我得到了第二次的解放，我又拿起了笔……我兴奋，我愉快，我觉得面前有广阔的天地，我要写，我要多写。"于是，他重新翻译了亚·赫尔岑的回忆录《往事与随想》等，还写了反映朝鲜战争的短篇小说《杨林同志》和其他一些散文。他重新编选了一九四九年以后的散文、特写集《爝火集》，出版了《巴金中篇小说选》和经过严格编选的十卷本《巴金选集》，还相继在香港的《大公报》《文汇报》上发表了一系列的"随想录"和"创作回忆"，等等。他似乎再次迎来创作的旺盛时期，决心把被"四人帮"耽误的时间夺回来。他说："我已七十六岁。八十岁以前的岁月我必须抓紧，不能让它们白白浪费。"

巴金虽然想"避免各种干扰为争取写作时间奋斗"，但安排给他的社会活动还是较多的。一九七八年二三月，他作为上海市人民代表参加了第五届全国人大第一次会议，被选为人大常委会委员。同年五六月，他出席了在北京召开的中国文联全委会扩大会议，这是恢复文联和作协工作的会议，巴金在会上作了《迎接社会主义文艺的春天》的发言。从一九七九年到一九八一年，巴金两次访问法国，一次是一九七九年四五月，率中国作家代表团到法国作友好访问，一次是一九八一年九月，代表中国笔会中心（巴金任会长），到里昂参加国际笔会第四十五届大会。一九八一年十二月，他在中国作家协会第三届理事会第二次会议上当选为中国作家协会主席。活动这么多，巴金还是不忘写作，说："我却只愿意做一个写到生命的最后一息的作家。"

巴金出于作家的良心和正义感，本着"不想多说空话，多说大话"，"把心交给读者"，"一点一滴地做点实在事情，留点痕迹"和"呐喊"的真诚愿望，对社会现实进行了思考，对自己进行了解剖，对假丑恶进行了抨击。他在快到八十岁的时候身体就一天不如一天了，加之患有眼疾，到了晚上看不见字，眼睛睁开的时间长了就要流泪，手也不太灵活，提笔就颤抖起来。然而，他仍然克服了这一切困难，完成了十一篇创作回忆录，完成了共有五集的一百五十多篇的《随想录》。巴金在集子里以很大的篇幅真实地记载了几十年，特别是"十年浩劫"的历史，他写自己，写他的亲人、朋友，也写了许多不相识的人民，着眼点是揭露"四人帮"的罪恶，剖析"文化大革命"这场历史悲剧产生的前因后果，试图"给'十年浩劫'作一个总结"，从而告诫人们不要忘记历史的教训。在集子里，巴金解剖了自己，挖掘了自己的灵魂。他一再声明，写作的时间不多了，今后决不写"四平八稳，无病呻吟，不痛不痒，人云亦云，说了等于不说的话，写了等于不写的文章"，而要"讲自己心里话，讲自己相信的话，讲自己思考过的话"。他痛心疾首，对自己一九五七年"跟在别人后头丢石头"的违心的做法，对自己在"文化大革命"期间曾低头屈膝、甘心任他们宰割的精神状态，进行了反思与自责。巴金说他"绝不愿意在作品中说谎"。他坦诚地承认他没有登台批判过别人，是因为他没有这个资格，要是真有这个机会，在那个时代他也会认为是"莫大的幸运"，也正因他是个"黑老 K"，是革命的对象，他是不好去向"四人帮"效忠的，才保持了他个人的清白。这种把心袒露给读者、说真话的直率，是他灵魂受到洗涤的思想的闪光，有谁看了不为之感动？

巴金年过九旬，且体弱多病，却仍执着于自己为之奋斗了几十年的文学事业。让我们听一听他铮铮作响的心声：

> 我一刻也不停我的笔，它点燃火烧我自己，到了我成为灰烬的时候，我的爱、我的感情也不会在人间消失！（巴金《再访巴黎》）

> 我快要走到生命的尽头，写作的时间是极其有限了，但是我心灵中仍然燃烧着希望之火，对我们社会主义祖国和我们无比善良的人民，我仍然怀着十分热烈的爱，我要同大家一起，尽自己的职责，永远前进。（巴金《文学生活五十年》）

二〇〇五年十月十七日，一代文学巨匠巴金在上海逝世，享年一百零一岁。

参考书目

谭兴国：《巴金的生平和创作》，成都：四川人民出版社，1983 年。

徐开垒：《巴金传》，上海：上海文艺出版社，1996 年。

巴金：《巴金自传》，南京：江苏文艺出版社，1995 年。

巴金：《巴金书话》，北京：北京出版社，1996 年。

巴金：《创作回忆录》，北京：人民文学出版社，1982 年。